高职高专"十三五"规

会计综合模拟实训

（第二版）

主　编　雷　霞　郭　昊
主　审　沈　静
副主编　唐　莹　夏江英
　　　　范树峰　胡梨花

微信扫一扫

教师教学
资源服务

微信扫一扫

加入财会交流圈
与精英导师
一对一问答

南京大学出版社

图书在版编目(CIP)数据

会计综合模拟实训 / 雷霞,郭昊主编. — 2 版. — 南京：南京大学出版社，2017.8(2020.8重印)
高职高专"十三五"规划教材. 财会专业系列
ISBN 978-7-305-19080-3

Ⅰ. ①会… Ⅱ. ①雷… ②郭… Ⅲ. ①会计学－高等职业教育－教材 Ⅳ. ①F230

中国版本图书馆 CIP 数据核字(2017)第 175616 号

出版发行	南京大学出版社
社　　址	南京市汉口路22号　　邮　编　210093
出 版 人	金鑫荣
丛 书 名	高职高专"十三五"规划教材·财会专业系列
书　　名	会计综合模拟实训(第二版)
主　　编	雷　霞　郭　昊
责任编辑	陈　嘉　蔡文彬　　　编辑热线　025-83597482
照　　排	南京南琳图文制作有限公司
印　　刷	虎彩印艺股份有限公司
开　　本	787×1092　1/16　印张 21.25　字数 270 千
版　　次	2017年8月第2版　2020年8月第4次印刷
ISBN 978-7-305-19080-3	
定　　价	48.00 元

网址：http://www.njupco.com
官方微博：http://weibo.com/njupco
官方微信号：njupress
销售咨询热线：(025) 83594756

* 版权所有，侵权必究
* 凡购买南大版图书，如有印装质量问题，请与所购
  图书销售部门联系调换

前 言

会计的实践性很强,除了掌握会计基本理论、基础知识以外,要成为一名合格的会计从业人员,能够熟练运用所学的会计知识,必须通过各种方式进行实践。高职学生在经过两年多的专业课程学习以后,需要对专业知识进行巩固并能够有机融合,否则所学到得只是一个个零散的知识点,会计综合模拟实训就起到了将基础会计、财务会计、成本会计、税法知识、财务管理融为一体的作用,是高职会计专业学生顺利就业不可或缺的一部分。因而,结合多年来的会计实训教学经验编写了这本《会计综合模拟实训》。教材分为五部分。

第一部分:会计基础知识认知。

第二部分:会计综合模拟实训基础资料。

第三部分:2016 年 11 月经济业务处理。

第四部分:2016 年 12 月经济业务处理。

第五部分:财务分析。

本教材具有以下特点。

1. 内容新。本书根据《企业会计准则》并结合最新的"营改增"等税法新政策编写,所采用的原始单据以及纳税申报表都是最新的。

2. 实用性。本书充分考虑到企业对会计人才的需求,突出职业教育特色,以工作中典型的经济业务为例,以"实用"、"够用"为目的,而对一些太难太偏的业务几乎没有涉及。此外,为了满足部分学校教师参考的需要,我们给出了完整的经济业务的答案(答案请联系出版社)。

3. 仿真性。通过对多家校企合作单位会计岗位工作的调研,本书所设计的原始单据几乎和企业真实单据是一样的,具有高仿真的特点。

4. 创新性。企业会计的业务具有连续性,目前市面上几乎所有的会计综合实训教材都只有一个月的业务,学生不能把很好的把月与月业务之间的关联起来,而本教材创新性的给出了两个月的原始单据,学生可以进行两个月业务的练习。

5. 综合性。随着大数据、智能化时代的到来，会计人员的工作除了基础的核算工作以外，纳税申报与税收筹划能力、财务分析与管理能力就显得更加重要的，因而，为了培养学生的综合素质，本书的综合性比较强，囊括了会计、税法和财务管理等多门课的知识，力争达到综合实训的目的。

本书由重庆商务职业学院雷霞、安徽审计职业学院郭昊担任主编，沈静教授担任主审，重庆商务职业学院唐莹、夏江英，福州理工学院范树峰，南昌工学院胡梨花担任副主编，伟巴斯特车顶系统（重庆）有限公司财务总监王其福为本教材提供了部分原始单据和业务指导，在此表示衷心的感谢！

本书可以作为高职学生顶岗实习之前进行会计综合模拟实训的教材，也可以作为会计职业培训学校和社会人员提升会计业务技能和专业知识的指导书。

尽管我们为保证本书质量做了大量的工作，但由于各种原因，书中可能存在一定的失误和不足，恳请各位专家和读者批评指正。

编者

2017 年 5 月

目 录

项目一 会计实训基础知识认知 ……………………………………………… 1
 一、会计账簿的设置及启用 ……………………………………………… 1
 二、原始凭证的填制与审核 ……………………………………………… 2
 三、记账凭证的填制与审核 ……………………………………………… 5
 四、登记账簿 ……………………………………………………………… 7
 五、对账、结账和错账的更正 …………………………………………… 9
 六、会计报表的编制 ……………………………………………………… 12
 七、会计档案的装订与保管 ……………………………………………… 14

项目二 会计综合模拟实训基础资料 …………………………………………… 16
 一、模拟企业概况 ………………………………………………………… 16
 二、实训用具准备 ………………………………………………………… 17
 三、实训基础资料 ………………………………………………………… 18
 四、实训学生手册 ………………………………………………………… 24

项目三 2016年11月经济业务 ………………………………………………… 39
 一、2016年11月经济业务的原始凭证 ………………………………… 39
 二、2016年11月填报资料 ……………………………………………… 141

项目四 2016年12月经济业务 ………………………………………………… 165
 一、2016年12月经济业务的原始凭证 ………………………………… 165
 二、2016年12月填报资料(见附表4-1至附表4-7) ………………… 273

项目五 财务分析实训 …………………………………………………………… 327
 任务一 有关财务情况分析 ……………………………………………… 327
 任务二 有关成本情况分析 ……………………………………………… 328
 任务三 利润表结构分析 ………………………………………………… 329
 任务四 撰写财务分析报告 ……………………………………………… 330

参考文献 ………………………………………………………………………… 332

项目一　会计实训基础知识认知

一、会计账簿的设置及启用

（一）会计账簿的设置

会计账簿是指由一定格式的账页组成，以经过审核的会计凭证为依据，全面、系统、连续地记录各项经济业务事项的簿籍。各单位应当按照国家统一的会计制度的规定和会计业务的需要设置会计账簿。会计账簿的设置一般是在企业开业或更换新账之前进行。每个独立核算单位都要建立总账和明细账，但建账册数以及每册账簿选用的格式要根据企业的实际情况来确定。

1. 日记账的设置

在我国，大多数单位一般只设现金日记账和银行存款日记账，以便加强货币资金的管理。现金日记账和银行存款日记账应采用订本式。

2. 总账的设置

总账应采用订本式。选购时结合企业业务量的大小，尽量使选用的账页满足一年所用。活页账装订成册时，应注意纸色、大小的一致，且装订应排齐订紧，以保证账本外形美观，防止账页松动。

3. 明细账的设置

明细分类账是按照明细科目设置的，记录经济业务的详细情况，是对总分类账的必要补充。一般来说，明细账除了记录金额以外，还要记录实物数量、费用与收入的构成、债权债务结算等具体情况。因此，要按照经济业务的不同特点和管理要求，采用不同格式、不同形式的账页。明细账一般采用活页账，有些也采用卡片账。其基本格式主要有"三栏式"、"数量金额式"、"多栏式"几种格式。原材料、库存商品等明细账一般都采用数量金额式。收入、费用明细账一般均采用多栏式。

4. 辅助账的设置

辅助账也称备查账，是对某些在日记账和分类账等主要账簿中都不予登记或登记不够详细的经济业务事项进行补充登记时使用的账簿。它可以为某些经济业务事项提供必要的参考资料，如租入固定资产登记簿、受托加工材料登记簿等。备查账簿只是对整式账簿记录的一种补充，其账簿的记录与编制会计报表没有直接关系，仅是一种表外账簿。各单位可根据需要进行设置。

(二)会计账簿的启用要求

1. 设置账簿的封面、封底

会计账簿应设置封面,标明单位名称、账簿名称及所属会计年度。账簿的扉页,应设立账簿启用表。账簿的第一页,应设置账户目录并注明各账户页次。除订本式账簿不另设封面外,各种活页式账簿,均应设置与账页大小相一致的账夹、封面、封底,并在封面正中部分设置封签,用蓝黑墨水书写单位名称、账簿名称及所属会计年度。

2. 填写账簿启用及经管人员一览表

新会计账簿启用时,应首先填写在账簿扉页上印制的"账簿启用及交接表"中的启用说明部分,包括单位名称、账簿名称、账簿编号、账簿使用起止日期、单位负责人、主管会计、审核人员和记账人员等项目,并加盖单位的公章。

若会计人员发生变更时,应办理交接手续并填写"账簿启用及交接表"中的交接说明部分,包括经管人员、接管人员、交出人员、交接日期等项目。

3. 填写账户目录

(1) 总账应按会计科目顺序填写科目名称及启用页号。

(2) 活页式明细账在启用时,按其所属的会计科目填写科目名称。活页账的页号码,应在年度结账后,撤去空白账页,按子目、细目或户名使用页数,填写某页至某页。

4. 粘贴印花税票

(1) 使用缴款书缴纳印花税,在账簿启用表右上角注明"印花税"已缴及缴款金额,缴款书作为×年×月×日第×号记账凭证的原始凭证。

(2) 粘贴印花税票的账簿,印花税票一律粘贴在账簿启用表的右上角,并在印花税票中间划两条出头的注销线,以示注销。

二、原始凭证的填制与审核

(一)原始凭证填制的基本要求

1. 记录真实

原始凭证所填列的经济业务内容和数字必须真实可靠,不得弄虚作假和涂改、挖补。

2. 内容完整

原始凭证所要求填列的项目必须逐项填列齐全,不得遗漏和省略。特别应注意年、月、日要按照填制原始凭证的实际日期填写;名称要写全,不能简化;品名或用途要填写明确;有关单位、个人的签章必须齐全。

3. 手续完备

原始凭证的填制手续,必须符合内部牵制制度。凡填有大写和小写金额的原始凭证,大写与小写金额必须相符;购买实物的原始凭证,必须有验收证明;支付款项的原始凭证,必须有收款单位或收款人的收款证明。一式几联的原始凭证,应当注明各联的用途,只能以一联作为报销凭证;一式几联的发票和收据,必须用双面复写纸(发票和收据本身具备复写纸功能的除外)套写,并连续编号。作废时应当加盖"作废"戳记,连同存根一起保存,不得撕毁。发生销货退回的,除填制退货发票外,还必须有退货验收证明;退款时,必须取得对方的收款收据或者汇款银行的凭证,不得以退货发票代替收据。职工公出借款凭据,必须附在记账凭证之后。收回借款时,应当另开收据或者退还借据副本,不得退还原借款收据。

4. 书写清楚、规范

原始凭证要按规定填写,文字要简要,字迹要清楚,易于辨认,不得使用未经国务院公布的简化汉字。大小写金额必须相符且填写规范,小写金额用阿拉伯数字逐个书写,不得写连笔字。在金额前要填写货币币种符号,货币币种符号与阿拉伯数字之间不得留有空白。金额数字一律填写到角、分,无角、分的,写"00"或符号"—";有角无分的,分位写"0",不得用符号"—"。

汉字大写数字金额用壹、贰、叁、肆、伍、陆、柒、捌、玖、拾、佰、仟、万、亿、元、角、分、零、整等,一律用整楷或行书字书写,大写金额数字到元或者角为止的,在"元"或者"角"字之后应当写"正"字或者"整"字;大写金额数字有分的,分字后面不写"正"或者"整"字。

大写金额数字前未印有货币名称的,应加写货币名称(如人民币),货币名称与大写金额之间不得留有空白。

阿拉伯金额数字中间有"0"时,汉字大写金额要写"零"字;阿拉伯数字金额中间连续有几个"0"时,汉字大写金额中可以只写一个"零"字;阿拉伯金额数字元位是"0",或者数字中间连续有几个"0"、元位也是"0"但角位不是"0"时,汉字大写金额可以只写一个"零"字,也可以不写"零"字。如小写金额为5 006.00,大写金额应写成"伍仟零陆元整"。

5. 编号连续

如果原始凭证已预先印定编号,在作废时,应加盖"作废"戳记,妥善保管,不得撕毁。

6. 不得涂改、刮擦、挖补

原始凭证记载的各项内容均不得涂改、刮擦、挖补。原始凭证有错误的,应当由出具单位重开或更正,更正时应当加盖出具单位印章。原始凭证金额有错误的,应当由出具单位重开,不得在原始凭证上更正。

7. 填制及时

每笔经济业务发生或完成后,经办的单位和人员必须及时填制原始凭证,并按规定的程序及时送交会计机构、会计人员进行审核和核算。

(二)原始凭证的填写方法

1. 普通发票的填制

普通发票一般由销售部门填写,填写时必须顺号复写,逐项填明,并在发票上加盖单位印章;填错的发票,加盖"作废"章后保留,不能涂改、毁弃。

2. 增值税专用发票的填制

增值税专用发票,不仅是记载商品或劳务的销售额和增值税税额的财务收支凭证,而且是兼记销售方纳税义务和购货方抵扣税额的主要依据,是购货方据以抵扣税款的证明。

(1)重要项目栏填写说明

购货单位"名称"栏填写购货单位名称的全称,不得简写。"纳税人识别号"栏填写由税务机关规定的税务登记证号,不得简写。

"货物或应税劳务名称"栏填写销售货物或提供应税劳务的名称和型号。

"单价"栏填写单位货物或应税劳务不含增值税的价格。

"金额"栏填写销售货物或提供应税劳务的销售额,不包含增值税税额,计算公式为:销售额＝不含税单价×数量。

"税率"栏填写货物或应税劳务的所适用的增值税税率。

"税额"栏填写货物或提供应税劳务的销售税额。销售税额＝销售额×税率。

合计"栏填写销售项目的销售额与税额各自的合计数。

"价税合计"填写各项货物和应税劳务销售额与税额汇总数的大小写金额。未填用的大写金额单位前划上"⊗"符号。

"收款人"栏填写办理收款事项的人员姓名。

"开票单位"栏填写开具专用发票的具体单位名称。

(2) 汇总开具

为了减少开具专用发票的工作量,降低专用发票的使用成本,国家税务总局规定,销售货物品种较多的可以汇总开具专用发票。汇总开具专用发票,可以不填写"计量单位"、"数量"和"单价"栏。

3. 支票的填制

签发和使用支票应注意以下事项:

(1) 支票应由黑色中性笔填写,内容必须齐全。签发支票时,存根联一并填写,且内容完全一致,大写、小写金额要准确并不得更改,同时加盖预留银行印鉴。

(2) 签发支票应符合银行规定的金额起点(支票的金额起点为100元)。

(3) 支票不准出借、抵押和转让。

(三) 原始凭证的审核要求

原始凭证是企业记录发生的经济业务的最初资料,其准确性及合法性直接决定着会计所提供经济信息的质量。因此,会计部门以及其他相关业务部门,应对原始凭证进行认真、严格的审核。我国《会计法》也明确规定:"会计机构必须对原始凭证进行审核,并根据经过审核的原始凭证编制记账凭证。"原始凭证的审核内容主要包括:

1. 审核原始凭证的真实性

审核所填原始凭证的日期、记录经济业务的内容是否符合实际,原始凭证所记载的内容是否是交易活动的真实体现等。

2. 审核原始凭证的合法性

审核原始凭证所反映的经济业务是否符合国家法律、法规和制度规定,有无违反财经纪律等违法行为,有无弄虚作假、营私舞弊、伪造涂改凭证等违法行为。对于出现上述现象,必须及时揭露,严肃处理。

3. 审核原始凭证的合理性

审核原始凭证所记录的经济内容是否符合企业生产经营的需要,是否符合有关的计划、预算等。

4. 审核原始凭证的完整性

审核原始凭证所填写的项目是否齐全，是否有漏项情况，数字是否清晰，文字是否工整，手续是否完备，有关单位和人员是否盖章、签名，凭证联次是否准确等。

5. 审核原始凭证的正确性

审核原始凭证的摘要填写是否符合要求，数量、单价、金额、合计数的计算与填写是否正确，书写是否清楚。

6. 审核原始凭证的及时性

经济业务发生或完成时，应及时填制有关原始凭证。审核时应注意审查凭证的填制日期，尤其是支票、银行汇票、银行本票等时效性较强的原始凭证，更应仔细验证其签发日期。

（四）原始凭证审核后的处理

经审核的原始凭证应根据不同情况处理：

（1）对于完全符合要求的原始凭证，应及时据以编制记账凭证入账；

（2）对于真实、合法、合理但内容不够完整、填写有错误的原始凭证，应退回给有关经办人员，由其负责将有关凭证补充完整、更正错误或重开后，再办理正式会计手续；

（3）对于不真实、不合法的原始凭证，会计机构和会计人员有权不予接受，并向单位负责人报告。

经过审核并确认无误以后的原始凭证，才能作为编制记账凭证和登记明细分类账的依据。因此，正确地、及时地填制原始凭证，并加以严格的审核，可以正确地、及时地反映经济业务的执行或完成情况。

三、记账凭证的填制与审核

（一）记账凭证的填制要求

1. 记账凭证各项内容必须完整

记账凭证必须根据审核无误的原始凭证及有关资料填制。

2. 记账凭证应连续编号

记账凭证的编号方法受所使用凭证种类的影响，使用不同种类的凭证，编号的方法有所区别。在使用单一记账凭证时，可将企业发生的经济业务按发生的顺序统一编号；采用收款凭证、付款凭证和转账凭证的，可进行分类编号，即按凭证类别顺序编号，如按收字第×号、付字第×号、转字第×号三类编号；或按现收字第×号、现付字第×号、银收字第×号、银付字第×号、转字第×号五类编号。无论使用哪种记账凭证，都应按月连续进行编号。一笔经济业务需要填制两张以上记账凭证的，可以采用"分数编号法"。例如，一笔经济业务需要编制两张转账凭证，凭证的顺序号为5号时，则编号应为转字5(1/2)号和转字5(2/2)号。

3. 记账凭证日期的填写

从记账凭证的内容看，记账凭证日期应当是填制当天的日期，但在实际工作中，也可以根据管理的需要，填写业务事项发生的日期或月末日期。如报销差旅费的记账凭证一般填写报销当天的日期；现金付款记账凭证填写办理收付现金的日期；银行付款业务的记账凭证，一般按财会部门开出银行付款单据的日期或承付的日期填写;银行收款业务的记账凭证,一般按财会部门收到银行进账单的日期与银行回执的戳记日期填写;当实际收到进账单的日期与银行戳记日期相隔较远时,或次日收到的上月银行付款凭证,按财会部门实际办理转账业务的日期填写;计提或分配费用等事项的记账凭证,应当按当月最后的日期填写。

4. 摘要填写要确切、简明

摘要是经济业务事项的简要说明。填写的摘要既要内容确切,又要简明扼要。对于收付款业务要写明收付款对象的名称、款项内容,使用银行支票的还应填写支票号码;对于购买材料、商品业务,要写明供应单位名称和数量;对于经济往来业务,应写明对方单位、业务经办人、发生时间等内容。

5. 会计科目填写要准确

填写会计科目时,必须按照会计制度统一规定的会计科目名称填写,不能简写,也不能用省略号代替会计科目;无统一名称的明细科目要确切,无遗漏;应借、应贷科目的对应关系必须清楚。

6. 记账凭证的书写应清楚、规范

特别是金额数字的书写要整确规范,与原始凭证相符,记账凭证上所填的金额应是所附原始凭证的合计金额;角、分位不能为空,也不能用"—"代替,应填写"0"。

7. 记账凭证的填制

记账凭证可以根据每一张原始凭证填制或根据若干张同类原始凭证汇总编制,也可以根据原始凭证汇总表填制,但不得将不同内容和类别的原始凭证汇总填制在一张记账凭证上。

8. 记账凭证的附件

除结账和更正错误的记账凭证可以不附原始凭证外,其他记账凭证必须附有原始凭证。记账凭证上应注明所附原始凭证的张数,以便核查。如果根据同一原始凭证填制数张记账凭证时,则应在未附原始凭证的记账凭证上注明"附件××张,见第××号记账凭证"。如果原始凭证需要另行保管的,则应在附件栏内加以注明。

9. 填制记账凭证时若发生错误,应当重新填制

已登记入账的记账凭证在当年内发现填写错误时,可以用红字填写一张与原内容相同的记账凭证,在摘要栏注明"注销某月某日某号凭证"字样,同时再用蓝字重新填制一张正确的记账凭证,注明"更正某月某日某号凭证"字样。如果会计科目没有错误,只是金额错误,也可将正确数字与错误数字之间的差额另编一张调整的记账凭证,调增金额用蓝(或黑),调减金额用红字。发现以前年度记账凭证有错误的,应当用蓝(或黑)字填制一张更正的记账凭证。

10. 注销

记账凭证填制完成经济业务事项后,如有空行应当自金额栏最后一笔金额数字下的空行处至合计数上的空行处划斜线或"S"线注销,合计金额第一位前要填写货币符号。

(二) 记账凭证的审核

为了使记账凭证能够真实、准确地反映经济业务状况,保证账簿记录和会计信息的质量,在根据记账凭证登记账簿之前,必须由有关人员对已填制完毕的记账凭证进行认真、严格地审核。只有审核无误的记账凭证,才能作为记账的依据。记账凭证的审核内容主要包括:

1. 内容是否真实

审核记账凭证是否附有原始凭证,所附原始凭证的内容是否与记账凭证记录的内容一致,记账凭证汇总表与记账凭证的内容是否一致。

2. 项目是否齐全

审核记账凭证的项目是否齐全,如日期、金额、所附原始凭证张数及有关人员签章等。

3. 科目是否正确

审核记账凭证的应借、应贷科目是否正确,所使用的会计科目是否符合会计制度的规定等。

4. 金额是否正确

审核记账凭证所记录的金额与原始凭证的有关金额是否一致,记账凭证汇总表的金额与记账凭证的金额合计是否相符,原始凭证中的数量、单价、金额计算是否正确等。

5. 书写是否正确

审核记账凭证中的文字是否工整、数字是否清晰,是否按规定使用蓝(或黑)色中性笔,是否按规定进行更正等。

出纳人员在办理收款或付款业务后,应在凭证上加盖"收讫"或"付讫"戳记,以避免重复收、付。

在会计凭证的审核中发现问题应立即加以解决。对凭证填写错误的要按规定的办法进行更正;对违反财经纪律、财务制度,未按计划、规定、合同办理以及铺张浪费、营私舞弊等,应拒绝受理、不予报销付款;对一些伪造凭证、涂改单据、虚报冒领等不法行为应及时向有关方面反映,严肃处理。

四、登记账簿

(一) 会计账簿的登记规则

1. 登记会计账簿时,应当将会计凭证日期、编号、业务内容摘要、金额和其他有关资料逐项记入账内,做到数字准确、摘要清楚、登记及时、字迹工整。

2. 登记完毕后,要在记账凭证上签名或者盖章,并注明已经登账的符号表示已经记账。

3. 账簿中书写的文字和数字上面要留有适当空格,不要写满格,一般应占格距的二分之一。

4. 登记账簿要用蓝(或黑)色中性笔书写,不得使用圆珠笔(银行的复写账簿除外)或者铅笔书写。

5. 下列情况,可以用红色墨水记账:

(1) 按照红字冲账的记账凭证,冲销错误记录;

(2) 在不设借贷等栏的多栏式账页中,登记减少数;

(3) 在三栏式账户的"余额"栏前,如未印明余额方向的,在"余额"栏内登记负数余额;

(4) 根据国家统一的会计制度的规定可以用红字登记的其他会计记录。

6. 各种账簿应按页次顺序连续登记,不得跳行、隔页。如果发生跳行、隔页,应当将空行、空页划线注销,或者注明"此行空白"、"此页空白"字样,并由记账人员签名或者盖章。

7. 凡需要结出余额的账户,结出余额后,应当在"借或贷"等栏内写明"借"或者"贷"等字样。没有余额的账户,应在"借或贷"栏内写"平"字,并在"余额"栏用-0-表示。

8. 每一账页登记完毕结转下页时,应当结出本页合计数及余额,写在本页最后一行和下页第一行有关栏内,并在"摘要"栏内注明"过次页"和"承前页"字样;也可以将本页合计数及金额只写在下页第一行有关栏内,并在"摘要"栏内注明"承前页"字样。

对需要结计本月发生额的账户,结计"过次页"的本页合计数应当为自本月初起至本页末止的发生额合计数;对需要结计本年累计发生额的账户,结计"过次页"的本页合计数应当为自年初起至本页末止的累计数;对既不需要结计本月发生额,也不需要结计本年累计发生额的账户,可以只将每页末的余额结转次页。

(二) 现金日记账的登记要求

现金日记账是由出纳人员根据与现金收付有关的记账凭证,按照时间顺序逐日逐笔进行登记,具体如下:

(1) 日期栏。登记记账凭证日期,通常应与现金实际收付日期一致。

(2) 凭证栏。登记收、付款凭证的种类和编号。如"现金收款凭证"简写为"现收";"银行存款付款凭证"简写为"银付"。

(3) 摘要栏。根据收付款凭证的摘要,简明地记入经济业务的内容。

(4) 对方科目栏。根据收付款凭证上所列的对方科目,填写上对应账户的名称,其目的在于了解经济业务的来龙去脉。

(5) 收入、支出栏。登记现金实际收付的金额。每日终了,应分别计算现金收入和支出的合计数,根据"上日余额+本日收入-本日支出=本日余额"的公式,逐日结出现金余额,并与库存现金实存数核对,以检查每日现金收付是否有误,即通常称为"日清"。

(6) 月末时,在本月末最后一行记载内容下面的"摘要"栏里写上"本月发生额及月末余额","收入"栏数额为本月收入的合计数,"支出"栏数额为本月支出的合计数,用月初余额加本月收入合计减去本月支出合计为本月末结存现金余额,即"月结"。

(三) 银行存款日记账的登记要求

银行存款日记账通常也是由出纳员根据审核后的银行存款收款凭证和付款凭证逐日逐笔顺序登记,如果将现金存入银行,存款的收入数应根据现金付款凭证登记。每日终了,应结算出账面余额,并定期同银行转来的对账单逐笔进行核对,如有不符,应及时查明原因,并予以更正。银行存款日记账具体登记方法和内容与现金日记账的登记类似。

(四) 总账的登记要求

科目汇总表账务处理程序下,总账的登记依据是科目汇总表(不同的账务处理程序,登记总账的依据不同)。

登账过程如下:

1. 按科目汇总表排列的会计科目顺序逐个登记。账户名称、金额大小和余额方向都不能有错。

2. 日期栏的"月"、"日"是记账凭证汇总表的日期。"凭证号"是汇总表的顺序号。

3. 每个账户登完后都要结出余额，并标明余额的方向。若余额为0，除在余额的"元"位写"0"外，还须在"借或贷"栏写"平"。

（五）明细账的登记要求

明细分类账的记账依据是记账凭证及其所附的原始凭证。

明细分类账基本格式主要有"三栏式"、"数量金额式"、"多栏式"几种。

1. "三栏式"明细账

其格式与三栏式总账相同，即账页基本专栏有"借方"、"贷方"、"余额"三栏，只有金额栏，不设数量栏。这种格式主要适用于只进行金额核算而不用数量核算的账户，如"应收账款"、"应付账款"等债权债务结算账户。

2. "数量金额式"明细账

基本格式是在"借方"(收入)、"贷方"(支出)、"余额"(结存)三栏内再分设"数量"、"单价"、"金额"三个专栏。这种账页格式适用于既要进行金额核算，又要进行实物数量核算的各种财产物资账户，如"原材料"、"库存商品"等存货类账户的明细账。数量金额式明细账登记方法与三栏式明细账基本相同。不同的是还要登记实物数量。

3. "多栏式"明细账

根据经济业务的特点和经营管理的需要，在一张账页内按有关明细科目或明细项目分设若干栏，在同一账页内集中反映各有关明细科目或项目的核算资料，以反映明细账户的构成内容，适用于采取多栏式明细账的账户，有"生产成本"、"制造费用"、"管理费用"以及收入类等账户的明细账。费用明细账一般在借方栏按其明细项目设专栏。平时根据记账凭证、原始凭证、原始凭证汇总表汇总，逐笔或逐日或定期登记借方金额，月终根据转账凭证，将贷方发生额（即结转数）用红字记入有关专栏、专行内，如有余额，也应以专栏、专行反映。

五、对账、结账和错账的更正

（一）对账的方法

对账，是指对账簿记录进行核对的工作。各单位应当定期（每年至少进行一次）对会计账簿记录的有关数字与库存实物、货币资金、有价证券、往来单位或者个人等进行相互核对，以保证账证相符、账账相符、账实相符。

1. 账证核对

账证核对是指核对会计账簿记录与原始凭证、记账凭证的时间、凭证字号、内容、金额是否一致，记账方向是否相符。这种核对除在日常制证、记账过程中进行以外，如发现账账不符时，还需对账簿与会计凭证进行检查核对，以确保账证相符。

2. 账账核对

账账核对是指核对不同会计账簿之间的账簿记录是否相符。包括：

（1）总分类账簿有关账户的余额核对

核对总分类账各账户借方发生额合计与贷方发生额合计数是否相符；核对总分类账各账

户借方余额合计与贷方余额合计数是否相符。这种核对可通过月末编制"总分类账户本期发生额和余额试算平衡表"来完成。

(2) 总分类账簿与所属明细分类账簿核对

核对总分类账各账户本期发生额和余额与其所属明细分类账本期发生额和余额是否相符。这种核对可通过编制"明细分类账户本期发生额及余额对照表"完成。

(3) 总分类账簿与序时账簿核对

核对现金日记账和银行存款日记账余额与库存现金和银行存款总分类账余额是否相符。

(4) 明细分类账簿之间的核对

核对会计部门各财产物资明细分类账余额与财产物资保管、使用部门的有关财产物资明细分类账的期末余额是否相符。

3. 账实核对

账实核对是指各种财产物资、债权债务等账面余额与实有数额之间的核对。具体内容包括：

(1) 库存现金日记账账面余额与现金实际库存数额相核对。

(2) 银行存款日记账账面余额定期与银行对账单相核对。

(3) 各项财产物资明细分类账账面余额与财产物资的实有数额相符核对。

(4) 有关债权债务明细账账面余额与对方单位的账面记录是否相符。

(二) 结账

1. 结账的程序

为了定期总结某一会计期间(月份、季度、年度)的经济活动情况，考核经营成果，使各种账簿记录保持完整与准确，为编制财务会计报告做好准备，各单位应当按照规定定期进行结账工作。另外，企业因撤销、合并而办理账务交接时，也需要办理结账。

所谓结账，是指就将账簿记录定期进行结算的账务工作。结账工作主要包括以下内容和程序：

(1) 将本期发生的经济业务全部登记入账，并保证其正确性。结账前，必须将本期内发生的经济业务全部登记入账，既不能提前登账，也不能将本期发生的经济业务延至下期登账。

(2) 根据权责发生制的要求，调整有关账项，合理确定本期应计的收入和应计的费用。按照权责发生制原则调整和结转有关账项，具体包括：

① 本期已经发生，在期末符合收入确认条件的收入。如建造合同能可靠估计时，期末按完工程度确认收入。

② 已经预收的款项，在本期已部分或全部符合收入确认条件的收入，如递延收益。

③ 已经发生的费用，在本期应部分确认为费用、进行分摊，如长期待摊费用。

④ 期末计提坏账准备、计提资产减值准备等。

此外，本期内的转账业务，应及时编制记账凭证记入有关账簿。包括结转已完工产品生产成本、已销售产品成本，成本的计算与结转等。

(3) 将损益类科目转入"本年利润"科目，结平所有损益类科目。

(4) 计算、登记本期发生额和期末余额。结算出资产、负债和所有者权益科目的本期发生额和余额，并结转下期。

（三）结账的方法

结账工作通常是为了总结一定时期经济活动的变化情况和结果。因此，月、季、年度终了，应当结出每个账户的本期发生额和期末余额。具体通过划线结账的方法进行结账。

1. 对不需按月结计本期发生额的账户，如各应收账款明细账、各项财产物资明细账等，每次记账以后，都要随时结出余额，每月最后一笔余额即为月末余额。月末结账时，只需要在最后一笔经济业务记录之下通栏划单红线，不需要再结计一次余额。

2. 库存现金、银行存款日记账和需要按月结计发生额的收入、费用等明细账，每月结账时，要在最后一笔经济业务记录下面划一单红线，结出本月发生额和余额，在摘要栏内注明"本月合计"字样，并在下面再划通栏单红线。

3. 需要结计本年累计发生额的某些明细账户，如主营业务收入、生产成本等明细账，每月结账时，应在"本月合计"行下结出自年初起至本月末止的累计发生额，登记在月份发生额下面，在摘要栏内注明"本年累计"字样，并在下面再划通栏单红线。12月末的"本年累计"就是全年累计发生额，全年累计发生额下面划通栏双红线。

4. 总账账户平时只需结出月末余额。年终结账时，将所有总账账户结出全年发生额和年末余额，在摘要栏内注明"本年合计"字样，并在合计数下面划通栏双红线。

5. 年度终了结账时，有余额的账户，要将其余额结转下年，并在摘要栏注明"结转下年"字样；在下一会计年度新建有关会计账簿的第一行余额栏内填写上年结转的余额，并在摘要栏注明"上年结转"字样。

注意：平时结账划单红线，年末结账划双红线。"结账线"应用通栏红线表示，不能只在账页中的金额部分划线。

提示：将账户的余额直接记入新账余额栏内，不需要编制记账凭证，也不必将余额再记入本年账户的借方或贷方。

（四）错账的更正方法

《会计法》第十五条明确规定："会计账簿记录发生错误或者隔页、缺号、跳行的，应当按照国家统一的会计制度规定的方法更正，并由会计人员和会计机构负责人（会计主管人员）在更正处盖章。"同时《会计基础工作规范》中规定：账簿记录发生错误，不准涂改、挖补、刮擦或者用药水消除字迹，不准重新抄写，必须按规定方法进行更正。常用的错账更正方法包括划线更正法、红字更正法和补充登记法。

1. 划线更正法

划线更正法适用于在结账前发现账簿记录有文字或数字错误，而记账凭证没有错误，即过账时的笔误及金额计算错误等引起的账簿记录错误。

划线更正法具体做法是：先在错误的文字或数字上划一条红线予以注销并使原来的字迹仍清晰可见，然后在红线上方空白处用蓝字填写正确的文字或数字，并由记账及相关人员在更正处盖章。对于错误的数字，应全部划红线更正，不得只更正其中的错误数字。对于文字错误，可只划去错误的部分。

2. 红字更正法

红字更正法分为下列两种方法，分别适用于不同情况：

(1) 红字全额更正法

适用于记账后，发现记账凭证中应借、应贷符号及科目或金额发生错误。其具体作法是：用红字填写一份与错误记账凭证内容完全相同的记账凭证，在摘要栏中注明"注销某年某月某日某号凭证"字样，以示注销原记账凭证；然后用蓝字填写一份正确的记账凭证，在摘要栏中注明"更正某年某月某日某号凭证"，并据以登记入账。

(2) 红字差额更正法

适用于记账后，发现记账凭证和账簿中所记金额大于应记金额，应借、应贷会计科目无错误。其具体作法是：将多记的金额（即正确数与错误数之间的差额）用红字编制一张与原记账凭证应借、应贷科目完全相同的记账凭证，在摘要栏中注明"冲销某年某月某日某号凭证多记金额"字样，并据以登记入账。

3. 补充登记法

补充登记法适用于记账后，发现记账凭证和账簿中所记金额小于应记金额，应借、应贷会计科目无错误。

其具体作法是：将少记的金额（即正确数与错误数之间的差额）用蓝字编制一张与原记账凭证应借、应贷科目完全相同的记账凭证，在摘要栏中注明"补记某年某月某日某号凭证少记金额"字样，并据以登记入账。

六、会计报表的编制

（一）试算平衡表的编制

1. 试算表编制前的准备工作

(1) 检查的报告期内各记账凭证的账项是否已经全部登入总分类账。

(2) 检查各账户余额是否已全部结算。

(3) 检查各总分类账户的余额是否与其所统驭的各明细分类账的余额之和相等。

2. 试算表编制方法步骤

(1) 填制表头日期。

(2) 填列账户名称时，为防止遗漏或重复，须按一定顺序排列。

(3) 将各栏内的金额分别加总，并将合计数填入表内最末一行的各相应栏内，在合计数之划一红色单线，合计数之下列一红色双线。

(4) 测算试算表内期初余额、本期发生额、期末余额的借方合计额是否与贷方合计额平衡，如不平衡就应查出错误的账项。

（二）资产负债表的编制方法

通常，资产负债表的各项目均需填列"年初数"和"期末数"两栏。其中，"年初数"栏内各项数字，应根据上年末资产负债表的"期末数"栏内所列数字填列。如果本年度资产负债表规定的各项目的名称和内容与上年不一致，则应对上年年末资产负债表各项目的名称和数字按照本年度的规定进行调整,填入本表"年初数"栏内。"期末数"可为月末、季末或年末的数字,由于报表项目与会计科目并不完全一致,"期末数"各项目的填列方法如下:

1. 直接根据总分类账户余额填列

资产负债表中的大多数报表项目可根据有关总账余额直接填列。如"应收票据"、"短期借款"、"实收资本"等项目。

2. 根据若干个总分类账户余额分析计算填列

资产负债表中有些项目需根据几个总分类账户余额计算填列。例如,"货币资金"项目,应根据"库存现金"、"银行存款"和"其他货币资金"三个总分类账户期末借方余额合计数填列;"存货"项目,应根据"材料采购"、"原材料"、"生产成本"、"库存商品"、"材料成本差异"、"存货跌价准备"等账户的余额分析填列;"未分配利润"项目,1—11月份应根据"本年利润"账户的余额和"利润分配"账户的余额计算填列,"本年利润"账户为贷方余额,"利润分配"账户为借方余额,则以二者的差额填入,贷方余额大于借方余额,填正数,反之填负数;年末,则根据"利润分配"账户的年末贷方余额直接填列本项目,如为借方余额则填负数。

3. 根据有关明细分类账户余额分析计算填列

资产负债表中有些项目需要根据明细分类账户余额来分析计算填列。例如,"应收账款"项目,应根据"应收账款"和"预收账款"两个总账账户所属明细账户的期末借方余额之和填列;"预付账款"项目,应根据"应付账款"和"预付账款"两个总账账户所属明细账户的期末借方余额之和填列;"应付账款"项目,需要分别根据"应付账款"和"预付账款"两个总账账户所属明细账户的期末贷方余额之和填列;"预收账款"项目,应根据"应收账款"和"预收账款"两个总账账户所属的明细账户的贷方余额之和填列。

4. 根据总账和明细账的余额分析计算填列

资产负债表中的"长期借款"项目,根据"长期借款"总账账户余额扣除"长期借款"总账账户所属明细账户中将在一年内到期的长期借款部分分析计算填列。

5. 根据总账账户与其备抵账户抵消后的净额填列

资产负债表中的"固定资产"项目,根据"固定资产"账户的期末借方余额,减去"累计折旧"账户和"固定资产跌价准备"的期末贷方余额后的金额分析计算填列。

提示:会计报表附注中的某些资料,需要根据备查登记簿中的记录编制。

(三) 利润表的编制方法

1. 利润表本月数的三种填制方法

(1) 根据账户本期发生额直接填列

期末结账前,损益类账户有贷方发生额,如"营业外收入"账户等;也有借方发生额,如"税金及附加"、"管理费用"、"销售费用"、"财务费用"、"所得税费用"账户等。编制利润表时,可将上述损益类账户的借方或贷方本期发生额直接对应填列于利润表相应项目中。

(2) 根据账户本期的发生额计算分析填列

利润表中的"营业收入"项目,可根据"主营业务收入"和"其他业务收入"账户的本期贷方发生额之和填列;"营业成本"项目可根据"主营业务成本"和"其他业务成本"账户的本期借方发生额之和填列。

（3）根据利润表项目之间的关系计算填列

利润表中的某些项目需要根据项目之间的关系计算填列，如"营业利润"、"利润总额"和"净利润"项目。除这三个项目的其他项目填列完整后，通过利润表中的加项或减项计算填列。

2. 月度利润表"本年累计数"栏各项目的填列方法

利润表"本年累计数"栏反映各项目自年初起至本月末止的累计实际发生数。根据上月利润表的"本年累计数"栏的数字，加上本月利润表的"本月数"栏的数字，可以得出各项目截至本月的"本年累计数"，然后填入相应的项目内。

3. 年度利润表有关栏目的填列方法

在编制年度利润表时，应将"本月数"栏改为"上年数"栏，填列上年全年累计实际发生数，从而与"本年累计数"栏各项目进行比较。如果上年度利润表与本年度利润表的项目名称和内容不一致，应对上年度报表项目的名称和数字按本年度的规定进行调整，填入"上年数"栏内。

12月份利润表的"本年累计数"，就是年度利润表的"本年累计数"，可以直接转抄。由于年终结账时，全年的收入和支出已全部转入"本年利润"账户，并且通过收支对比结出本年净利润的数额。因此，应将年报中的"净利润"数字，与"本年利润"账户结转到"利润分配——未分配利润"账户的数字相核对，检查报表编制和账簿记录的准确性。

七、会计档案的装订与保管

（一）会计凭证的装订

1. 会计凭证的整理

会计凭证的整理，主要是对原始凭证进行排序、粘贴和折叠。如原始凭证纸张面积大于记账凭证，可按略小于记账凭证面面积的尺寸，先自右向左，再自下而上两次折叠。对于纸张面积小而无法进行装订的原始凭证，可按一定的顺序和类别粘贴在"原始凭证粘贴单"上。粘贴时对小票分别排列，适当重叠，但要露出数字和编号。对于纸张面积略小于记账凭证的原始凭证可用大头针或回形针直接别在记账凭证之后，装订时抽去即可。

2. 会计凭证的装订

通常有"角订法"和"侧订法"等。

（1）角订法。先准备装订工具，然后整理凭证，将记账凭证的左上方对齐，接着加封面并用夹子夹牢。包角：用牛皮纸，大小是边长为13厘米的整方形切去三分之一，先将包角纸的角对准右上角，反面向上，然后在虚线处打眼、装订、包角。包角的要求是按虚线折叠后，剪去左上角，再在反面涂浆处抹上浆糊，从上方包向背面，再从左方包向背面，这时，包角纸上印刷的"××年×月第×册"字样正好在凭证左上角中间，填上适当的内容即可。

（2）侧订法。记账凭证的整理要求与"角订法"相同，不同之处是采用左侧面装订。装订时在封面之上再加一张纸复在封面上，以底边和左侧边为准，对齐、夹紧；左侧打三个洞，把扎绳的中段从孔中引出，留扣，再把扎绳两端孔引过，并套入中间的留扣中，用力拉紧系好，余绳剪掉。复底纸上涂上胶水，翻转后将左侧和底部粘牢。晾干后，在左侧标上"××年×月第×册"的字样备查。

（二）会计账簿的更换

总分类账簿、各种日记账簿和大部分明细分类账簿，应每年更换一次，只有少数明细分类账，如固定资产明细账（卡片式），因变动较小，可以多年连续使用，不必每年更换。在年度终了更新账簿后，应将使用过的各种会计账簿，进行必要的整理，如将各种活页式、卡片式账簿连同账簿启用和经管人员一览表装订成册，加上封面，将各种账簿统一编号，编制目录和编号移交清单等，然后按期移交档案部门保管。

会计账簿与会计凭证、会计报表一样，都是重要的经济档案，必须严格按照会计制度统一规定的保管年限妥善保管，不得丢失和任意销毁。对于保存期满的账簿，应按照规定的审批程序，报经批准后才能销毁。

（三）会计档案的保管

1. 会计档案的保管期限

根据《会计档案管理办法》规定，会计档案的保管期限分为永久和定期两类。凡是在立档单位会计核算中形成，对查考和研究经济活动具有重要利用价值的会计档案，应永久保存。

定期保管期限分为3年、5年、10年、15年、25年5类。会计档案的保管期限，从会计年度终了后的第一天算起。各类会计档案的具体保管期限按照《会计档案管理办法》的规定执行。

2. 会计档案的查阅

各单位保存的会计档案不得借出。如有特殊需要，经本单位负责人批准，可以提供查阅或者复制，并办理登记手续。

外部借阅会计档案时，应持有单位整式介绍信，经会计主管人员或单位领导人批准后，方可办理借阅手续；单位内部人员借阅会计档案时，应经会计主管人员或单位领导人批准后，办理借阅手续。借阅人应认真填写档案借阅登记簿，将借阅人姓名、单位、日期、数量、内容、归期等情况登记清楚。借阅会计档案人员应妥善保管会计档案，严禁在会计档案上涂画、拆封和抽换。

（四）会计档案的销毁

对于保管期满的会计档案需要销毁时，由本单位档案机构提出销毁意见，与财会部门共同鉴定、审查，编制会计档案销毁清册。单位负责人应当在会计档案销毁清册上签署意见。机关、团体和事业单位，报本单位领导批准后销毁；国有企业经企业领导审查，报经上级主管单位批准后销毁。

项目二　会计综合模拟实训基础资料

一、模拟企业概况

1. 企业名称：重庆致远机械制造股份有限公司(简称致远公司)
2. 性质：股份有限公司，增值税一般纳税人(适用增值税率为17%)。
3. 纳税识别号：512233445566778
4. 地址及电话：重庆市沙坪坝区歌乐山矿山坡150号　023-65506666
5. 开户行及账号：中国工商银行沙坪坝支行　6222023100068898793
　　　　　　　　中国建设银行沙坪坝支行　6227003761600788788
6. 主要产品：A产品、B产品
7. 生产组织与工艺流程。
① 公司下设一个基本生产车间——加工车间，一个辅助生产车间——运输车间
② 加工车间单步骤大量生产A、B两种产品。
8. 其他说明
(1) 会计核算程序：该企业采用科目汇总表会计核算程序。会计核算程序如图所示：
(2) 存货核算采用实际成本法(原材料、周转材料、库存商品均采用先进先出法计算)；周转材料采用一次摊销法核算。
(3) 按年计提坏账准备(应收账款余额百分比法，提取比例5‰)；
(4) 所得税税率为25%。并假设这一税率适用于未来可预见的期间，公司不享受其他税收优惠政策。企业所得税的核算采用资产负债表债务法。企业所得税缴纳采用按季预缴，按年汇算清缴的方式，公司以前年度的企业所得税已进行汇算清缴。
(5) 按税后利润的10%计提法定盈余公积。
(6) 五险一金缴纳情况：

养老保险金按个人承担月标准工资的8%，企业承担个人月标准工资的19%执行；职工医疗保险按个人承担月标准工资的2%，企业承担个人月标准工资的9%的执行；失业保险按个人承担月标准工资的0.5%，企业承担月标准工资的0.5%；工伤保险个人不缴纳，企业按月标准工资的0.5%交纳；生育保险个人不缴纳，企业按月标准工资的0.5%交纳；住房公积金按个人承担月标准工资的12%，企业承担个人月标准工资的12%执行。

(7) 本期有修建仓库和购建大型设备项目正在进行中(两项目均有贷款)

（8）财务部人员设置：

法人：杨祖强

总经理：王大明

财务经理：刘子松

会计主管：李彬

会计：谭娟、田甜、学生自己（制单）

出纳：王丽

成本：王婧

库管：雷蕾

（9）水、电费采用直接计入当期成本费用的方法。

（10）公司采用品种法计算产品成本。原材料均系生产开始时一次性投入，加工费用均随加工进度陆续投入，按工时进行分配。

（11）公司职工福利费和职工教育经费不预提，按实际发生金额列支。

（12）公司专设独立销售机构。

（13）在计算中分配率需要保留小数的保留4位，金额需要保留小数的保留2位。

（14）公司车船税、房产税和土地使用税均按税法规定计算缴纳。

（15）未列明的其他会计事项，公司根据现行《企业会计准则》的相关规定处理。

二、实训用具准备

本次实训所需资料参考如下：

用具名称	数量	备注
记账凭证	每生6本（300页）	自备，式样见教材附表
三栏式账页	每生100张	自备，式样见教材附表
数量金额式账页	每生50页	自备，式样见教材附表
多栏式账页	每生50页	自备，式样见教材附表
科目汇总表	每生8张	自备，式样见教材附表
账簿封面	每生10份（10张）	自备
凭证封面、封底	每生8份（8张）	自备
装订线	每班5卷	自备
装订针	每班10根	自备
票夹	每生8个	自备
大头针	每生1盒	自备
塑料文件袋	每生1个	自备
小刀（或剪刀）	每生1把	自备
名章、印泥	每生1份	自备，无也可

(续表)

用具名称	数量	备注
胶水	每班2瓶	自备
装订机(台钻)	每班1台	可轮流使用
资产负债表	每生2张	见教材附表
利润表	每生2张	见教材附表
现金流量表	每生2张	见教材附表
应交税费——应交增值税明细账	每生2张	见教材附表
一般纳税人增值税纳税申报表	每生2套(每套5张)	见教材附表
地方税(费)综合纳税申报表	每生2张	见教材附表
企业所得税月(季)度预缴纳税申报表(A类)	每生1张	见教材附表
企业所得税年度纳税申报表(A类)	每生1套(每套12张)	见教材附表

三、实训基础资料

(一) 致远公司2016年10月31日有关账户余额见表2-1：

表2-1 账户余额明细表

会计科目	明细科目	借方余额	贷方余额	备注
库存现金		30 000.00		
银行存款		4 241 758.00		
	工行	2 200 000.00		
	建行	2 041 758.00		
其他货币资金	存出投资款	3 000 000.00		
交易性金融资产		710 000.00		
其中：	股票600036	210 000.00		
	——成本(股票600036)	200 000.00		
	——公允价值变动(股票600036)	10 000.00		
	股票600444	500 000.00		
	——成本(股票600444)	500 000.00		
应收票据	商业承兑汇票	574 400.00		
其中：	重庆大众机械有限公司	474 400.00		(不带息商业承兑汇票)

（续表）

会计科目	明细科目	借方余额	贷方余额	备注
	重庆东方金属有限公司	100 000.00		(不带息商业承兑汇票)
应收账款		500 000.00		
其中：	长江水利设备有限公司	100 000.00		
	重庆宏伟股份有限公司	180 000.00		
	重庆红光有限责任公司	200 000.00		
	重庆鼎盛科技有限公司	20 000.00		
坏账准备			2 500.00	
其他应收款		6 000.00		
其中：	存出保证金(重庆四维公司)	2 000.00		押金
	备用金(销售部)	4 000.00		
原材料		352 200.00		
其中：	甲材料(库存1 000千克,单价85元/千克)	85 000.00		
	乙材料(库存850千克,单价200元/千克)	170 000.00		
	丙材料(库存550千克,单价10元/千克)	5 500.00		
	丁材料(库存1 000千克,单价60元/千克)	60 000.00		
	机物料(库存1500千克,单价7.8元/千克)	11 700.00		
	戊材料(库存400千克,单价50元/千克)	20 000.00		
库存商品		1 410 000.00		
其中：	A产品(450台,单位成本1 800元/台)	810 000.00		
	B产品(300台,单位成本2 000元/台)	600 000.00		
周转材料		29 800.00		
	包装物(木箱,2 000个,单价5元/个)	10 000.00		
	低值易耗品(工作服500件,单价30元/件)	15 000.00		
	低值易耗品(专用工具600个,单价8元/个)	4 800.00		
生产成本		1 219 000.00		

(续表)

会计科目	明细科目	借方余额	贷方余额	备注
其中：	基本生产成本(A产品)	589 000.00		
	基本生产成本(B产品)	630 000.00		
在建工程	房屋建筑物(厂房)	93 600.00		
长期股权投资	汉王股份	6 500 000.00		
固定资产		9 787 000.00		
其中：	房屋建筑物	4 630 000.00		
	机器设备	1 870 000.00		
	运输设备	1 750 000.00		
	其他	1 537 000.00		
累计折旧			2 050 000.00	
其中：	房屋建筑物		1 203 800.00	可使用50年,已使用65个月
	机器设备		392 700.00	可使用10年,已使用36个月
	运输设备		192 500.00	可使用10年,已使用22个月
	其他		261 000.00	可使用5年,已使用30个月
无形资产		1 260 000.00		
其中：	专利技术(A)	960 000.00		
	商标权(A)	300 000.00		
累计摊销			444 000.00	
其中：	专利技术(A)		384 000.00	摊销期为10年,无余额
	商标权(A)		60 000.00	
短期借款			2 900 000.00	
其中：	工行		2 000 000.00	分月计提,到期一次还本付息
	建行		900 000.00	
应付票据			1 410 000.00	
其中：	西南友友股份有限公司		825 000.00	
	北京四方有限责任公司		585 000.00	
应付账款			1 333 600.00	
其中：	重庆江城公司		93 600.00	
	重庆曙光公司		941 000.00	

(续表)

会计科目	明细科目	借方余额	贷方余额	备注
	重庆黄河有限责任公司		234 000.00	
	重庆升胜商贸公司		65 000.00	
应付利息			48 000.00	
	工行		30 000.00	年利率为4.5%
	建行		18 000.00	年利率为4%
应付职工薪酬			775 420.00	
其中：	工资		548 000.00	
	离职后福利(基本养老保险)		104 120.00	
	离职后福利(失业保险)		2 740.00	
	短期薪酬(基本医疗保险)		49 320.00	
	短期薪酬(工伤保险)		2 740.00	
	短期薪酬(生育保险)		2 740.00	
	短期薪酬(住房公积金)		65 760.00	
其他应付款			123 300.00	
其中：	养老保险		43 840.00	
	失业保险		2 740.00	
	医疗保险		10 960.00	
	住房公积金		65 760.00	
应交税费			242 000.00	
其中：	未交增值税		220 000.00	
	应交城建税		15 400.00	
	应交教育费附加		6 600.00	
长期借款			5 380 000.00	
其中：	本金(工行)		2 000 000.00	为3年起经营借款，年利率为8%，到期一次还本付息
	本金(建行)		2 800 000.00	为5年期建造仓库专项借款，年利率为10%，到期一次还本付息
	应计利息(工行)		160 000.00	
	应计利息(建行)		420 000.00	
股本			7 210 000.00	

(续表)

会计科目	明细科目	借方余额	贷方余额	备注
其中：	法人资本金(X公司)		2 350 000.00	
	法人资本金(Y公司)		1 860 000.00	
	法人资本金(Z公司)		3 000 000.00	
资本公积	其他资本公积		687 000.00	
盈余公积	法定盈余公积		200 000.00	
本年利润			4 279 625.00	
利润分配	未分配利润		2 628 313.00	
合计		29 713 758.00	29 713 758.00	

（二）其他资料

1. 月初在产品资料见表2-2：

表2-2　月初在产品资料

项目	直接材料	直接人工	制造费用	合计
基本生产成本(A产品)	300 000.00	220 000.00	69 000.00	589 000.00
基本生产成本(B产品)	320 000.00	230 000.00	80 000.00	630 000.00
合计	620 000.00	450 000.00	149 000.00	1 219 000.00

注：该批月初在产品基本已完工，等待验收入库。

2. 产量记录见表2-3：

表2-3　产量记录

项目	月初在产品产量(台)	11月投入产品数量(台)	12月投入产品数量
A产品	310	250(全部完工)	400(完工320台,未完工80台)
B产品	300	320(完工200台,未完工120台)	280(全部完工)
合计	610	570	680

3. 工时记录见表2-4：

表2-4　工时记录

项目	11月工时(小时)	12月份工时(小时)
A产品	300	400(完工用320小时,未完工用80小时)
B产品	200(完工用160小时,未完工用40小时)	200(全部完工)
合计	500	600

4. 11月初固定资产明细资料见表2-5：

表2-5 固定资产明细表

固定资产类别	月折旧率(%)	基本生产车间	运输车间	管理部门	销售部门	合计原值
房屋及建筑物	0.4	1 950 000	150 000	2 200 000	330 000	4 630 000.00
机器设备	0.6	850 000		800 000	220 000	1 870 000.00
运输设备	0.5	400 000	800 000	300 000	250 000	1 750 000.00
其他	0.6	880 000		657 000		1 537 000.00
合计		4 080 000	950 000	3 957 000	800 000	9 787 000.00

5. 利润表资料见表2-6：

表2-6 利润表

编制单位：重庆致远机械制造股份有限公司　2016年10月31日　　　　　　　　　　　　　单位：元

项目	2016年1—9月份累计数	2016年10月份发生额
主营业务收入	41 851 980.00	6 280 000.00
其他业务收入	597 600.00	182 500.00
主营业务成本	29 325 360.00	4 266 180.00
其他业务成本	466 940.00	96 500.00
税金及附加	861 210.00	105 030.00
销售费用	1 820 500.00	408 000.00
管理费用	5 158 160.00	873 540.00
财务费用	157 480.00	26 920.00
投资收益	38 690.00	7 840.00
公允价值变动损益	0.00	10 000.00
营业利润	4 698 620.00	704 170.00
营业外收入	71 000.00	45 300.00
营业外支出	23 853.33	29 170.00
利润总额	4 745 766.67	720 300.00
所得税费用	1 186 441.67	0.00
净利润	3 559 325.00	720 300.00

注：(1) 2016年1—10月销售费用中广告和业务宣传费共计1 000 000.00元；
　　(2) 2016年1—10月管理费用中业务招待费共计600 000.00元；
　　(3) 2016年1—10月营业外支出中有20 000.00元为通过公益性社会团体向贫困山区的捐款，3 853.33元为税收滞纳金；
　　(4) 假定2016年1—10月其他无纳税调整事项。

四、实训学生手册

(一) 实训内容表

实训项目一	会计工作基本流程之准备工作	任务(一) 会计账簿的开设	
		任务目标	通过本任务的实施,掌握会计账簿的开设方法及期初余额的登记方法
		任务准备	1. 日记账、明细分类账、总账 2. 根据实训资料,整理原始凭证
		任务实施步骤	1. 账本名称的填写 2. 账页上科目的填写 3. 期初余额的登记
		实训反馈 (请在实训后根据自己的掌握情况在括号中打"√",并将存在的问题书写注明)	1. 完全掌握(　　) 2. 掌握,但存在部分问题(　　) 3. 没掌握(　　) 存在的问题: 以上问题在教师辅导后是否解决:是(　　)否(　　)
实训项目二	会计工作基本流程之日常工作	任务(二) 日常经济业务处理	
		任务目标	通过本任务的实施,能熟练的根据原始凭证反映的经济业务编制记账凭证,并登记据以登记日记账和明细账
		任务准备	1. 空白记账凭证 2. 在任务(一)中整理好的原始凭证
		任务实施步骤	1. 根据原始凭证反映的经济业务,在记账凭证上编制会计分录 2. 将原始凭证作为附件,用大头针别在记账凭证后 3. 根据记账凭证上相关科目内容,登记日记账与明细账
		实训反馈 (请在实训后根据自己的掌握情况在括号中打"√",并将存在的问题书写注明)	1. 完全掌握(　　) 2. 掌握,但存在部分问题(　　) 3. 没掌握(　　) 存在的问题: 以上问题在教师辅导后是否解决:是(　　)否(　　)

(续表)

实训项目三 会计工作基本流程之定期工作	任务(三) 科目汇总表的编制	
	任务目标	通过本任务的实施,能熟练的编制科目汇总表,为登记总账作准备
	任务准备	1. 实训资料 2016 年 11 月第一旬所做好的记账凭证 2. 空白纸张
	任务实施步骤	1. 在空白纸上编制"T"型账表 ① 根据凭证业务发生顺序,将涉及到的科目以"T"型账的形式在空白纸上画出来 ② 根据凭证业务的发生顺序,将涉及科目的发生额登入画好的"T"型账中 ③ 结出每个科目在本旬的发生额合计 2. 根据"T"型账表反映的科目与金额合计,编制科目汇总表。
	实训反馈 (请在实训后根据自己的掌握情况在括号中打"√",并将存在的问题书写注明)	1. 完全掌握(　　) 2. 掌握,但存在部分问题(　　) 3. 没掌握(　　) 存在的问题: 以上问题在教师辅导后是否解决:是(　　)否(　　)
	任务(四) 总账的登记	
	任务目标	通过本任务的实施,能熟练的根据科目汇总表登记总账
	任务准备	任务(三)编制好的科目汇总表
	任务实施步骤	1. 凭证编号处写科汇× 2. 在总账摘要栏写上"×月×日至×月×日发生额" 3. 根据科目汇总表填写总账的金额栏
	实训反馈 (请在实训后根据自己的掌握情况在括号中打"√",并将存在的问题书写注明)	1. 完全掌握(　　) 2. 掌握,但存在部分问题(　　) 3. 没掌握(　　) 存在的问题: 以上问题在教师辅导后是否解决:是(　　)否(　　)
	说明:请将日常工作与定期工作结合起来,按实训资料,进行三次(以 10 天业务为一次)进行练习。	
实训项目四 会计工作基本流程之期末工作	任务(五) 结账	
	任务目标	通过本任务的实施,掌握结账的基本方法
	任务准备	前面任务实施中做好的账本
	任务实施步骤	对总账、明细账、日记账进行月结
	实训反馈 (请在实训后根据自己的掌握情况在括号中打"√",并将存在的问题书写注明)	1. 完全掌握(　　) 2. 掌握,但存在部分问题(　　) 3. 没掌握(　　) 存在的问题: 以上问题在教师辅导后是否解决:是(　　)否(　　)

(续表)

实训项目四	任务(六) 会计报表编制	
	任务目标	通过本任务的实施,掌握资产负债表与利润表的编制方法
	任务准备	前面任务实施中做好的凭证、账本
	任务实施步骤	1. 根据总账登记内容编制资产负债表 ① 登记资产项目期末余额,结出总计 ② 登记负债及所有者权益项目期末余额,结出总计 ③ 将资产项目总计与负债、所有者权益项目总计进行对比 2. 根据总账及记账凭证编制利润表 ① 营业利润的计算 ② 利润总额的计算 ③ 净利润的计算 3. 编制现金流量表
	实训反馈 (请在实训后根据自己的掌握情况在括号中打"√",并将存在的问题书写注明)	1. 完全掌握(　　) 2. 掌握,但存在部分问题(　　) 3. 没掌握(　　) 存在的问题： 以上问题在教师辅导后是否解决：是(　　)否(　　)
	任务(七) 会计凭证装订	
	任务目标	通过本任务的实施,掌握凭证装订的方法
	任务准备	1. 前面任务实施中做好的会计凭证 2. 台钻(打孔机) 3. 凭证封面、封底 4. 票夹、装订针、装订线
	任务实施步骤	1. 将会计凭证按业务顺序依次放好,并放上填好的封面及封底。 2. 将所有大头针抽掉 3. 打孔 4. 穿线 5. 包角
	实训反馈 (请在实训后根据自己的掌握情况在括号中打"√",并将存在的问题书写注明)	1. 完全掌握(　　) 2. 掌握,但存在部分问题(　　) 3. 没掌握(　　) 存在的问题： 以上问题在教师辅导后是否解决：是(　　)否(　　)

（会计工作基本流程之期末工作）

(续表)

	任务（八）	增值税纳税申报表的填制
实训项目五 会计工作基本流程之纳税申报工作	任务目标	通过本任务的实施，掌握一般纳税人增值税纳税申报表的填制方法
	任务准备	1. 一般纳税人增值税纳税申报表 2. 增值税发票（进项发票和销项发票分开放置）
	任务实施步骤	1. 填写本期销售情况明细表（附表一） 2. 填写本期进项税额明细表（附表二） 3. 填写服务、不动产和无形资产扣除项目明细（附表三） 4. 填写固定资产进项税额抵扣情况表 5. 填写增值税纳税申报表（主表）
	实训反馈 （请在实训后根据自己的掌握情况在括号中打"√"，并将存在的问题书写注明）	1. 完全掌握（　　） 2. 掌握，但存在部分问题（　　） 3. 没掌握（　　） 存在的问题： 以上问题在教师辅导后是否解决：是（　　）否（　　）
	任务（九）	地税综合纳税申报表的填制
	任务目标	通过本任务的实施，掌握综合纳税申报表的填制方法
	任务准备	1. 综合纳税申报表 2. 本期应纳增值税税额的数据
	任务实施步骤	1. 计算城建税 2. 计算教育费附加 3. 填写综合纳税申报表
	实训反馈 （请在实训后根据自己的掌握情况在括号中打"√"，并将存在的问题书写注明）	1. 完全掌握（　　） 2. 掌握，但存在部分问题（　　） 3. 没掌握（　　） 存在的问题： 以上问题在教师辅导后是否解决：是（　　）否（　　）
	任务（十）	企业所得税月（季）度预缴纳税申报表的填制
	任务目标	通过本任务的实施，掌握企业所得税月（季）度预缴纳税申报表的填制方法
	任务准备	1. 企业所得税月（季）度预缴纳税申报表 2. 本期利润总额的数据
	任务实施步骤	1. 计算本期营业收入 2. 计算本期营业成本 3. 计算本期利润总额 4. 企业所得税月（季）度预缴纳税申报表

（续表）

实训项目五 会计工作基本流程之纳税申报工作	实训反馈（请在实训后根据自己的掌握情况在括号中打"√"，并将存在的问题书写注明）	1. 完全掌握（ ） 2. 掌握，但存在部分问题（ ） 3. 没掌握（ ） 存在的问题： 以上问题在教师辅导后是否解决：是（ ）否（ ）
	任务（十一） 企业所得税年度纳税申报表的填制	
	任务目标	通过本任务的实施，掌握企业所得税年度纳税申报表的填制方法
	任务准备	1. 企业所得税年度纳税申报表 2. 本年纳税调整事项整理
	任务实施步骤	1. 计算本期会计利润总额 2. 纳税调增事项 3. 纳税调减事项 4. 计算本年应纳税所得额 5. 企业所得税年度纳税申报表
	实训反馈（请在实训后根据自己的掌握情况在括号中打"√"，并将存在的问题书写注明）	1. 完全掌握（ ） 2. 掌握，但存在部分问题（ ） 3. 没掌握（ ） 存在的问题： 以上问题在教师辅导后是否解决：是（ ）否（ ）
实训项目六 会计工作基本流程之财务分析	任务（十二） 财务分析	
	任务目标	通过本任务的实施，掌握企业基本财务指标的计算，并根此进行财务数据分析，撰写财务分析报告
	任务准备	1. 财务报告 2. 会计账簿 3. 基本的财务分析方法
	任务实施步骤	1. 计算11月份企业相关财务指标 2. 计算12月份企业相关财务指标 3. 计算企业2016年度相关财务指标 4. 进行数据分析，提出合理化建议，撰写财务分析报告
	实训反馈（请在实训后根据自己的掌握情况在括号中打"√"，并将存在的问题书写注明）	1. 完全掌握（ ） 2. 掌握，但存在部分问题（ ） 3. 没掌握（ ） 存在的问题： 以上问题在教师辅导后是否解决：是（ ）否（ ）

（二）实训总结（根据实训情况，撰写不少于 3 000 字的实训总结）

附表 2-1

记 账 凭 证

年　月　日　　　　　　　　　　　　　　　　　　　字第　　　号

摘　要	会计科目		借方金额										贷方金额									
	总账科目	明细科目	亿	千	百	十	万	千	百	十	元	角	分	亿	千	百	十	万	千	百	十	元	角	分
附件　　张	合　计																								

主管：　　　　　记账：　　　　　出纳：　　　　　审核：　　　　　制单：

三栏式账页

总第 ...... 页　　分第 ...... 页
...... 级科目编号及名称 ......
...... 级科目编号及名称 ......

年		凭证		摘要	借方	贷方	借或贷	余额
月	日	种类	号数		亿千百十万千百十元角分	亿千百十万千百十元角分		亿千百十万千百十元角分

附表 2-2

年		记账凭证		摘要	借方	贷方	借或贷	余额
月	日	种类	号数		亿千百十万千百十元角分	亿千百十万千百十元角分		亿千百十万千百十元角分

附表 2-3

数量金额式账页

| 类别 _____ 编号 _____ 品名 _____ 规格 _____ 单位 _____ 最高存量 _____ 最低存量 _____ 存储地点 _____ 账号 _____ |
| 页次 总页次 |

年	凭证	摘要	收入			发出			结存		
月 日	种类 号数		数量	单价	金额 十万千百十元角分	数量	单价	金额 十万千百十元角分	数量	单价	金额 十万千百十元角分

账号	总页次
页次	

类别______ 编号______ 品名______ 规格______ 单位______ 最高存量______ 最低存量______ 存储地点______

年		凭证		摘要	收入										发出										结存									
月	日	种类	号数		数量	单价	金额								数量	单价	金额								数量	单价	金额							
							十	万	千	百	十	元	角	分			十	万	千	百	十	元	角	分			十	万	千	百	十	元	角	分

附表 2－4

多栏式账页

总第＿＿页 分第＿＿页
＿＿级科目编号及名称＿＿
＿＿级科目编号及名称＿＿

年		凭证号数	摘要	借方	贷方	借或贷	余额	（ ）方
月	日							

总第 ___ 页 分第 ___ 页

___ 级科目编号及名称 ___

___ 级科目编号及名称 ___

附表 2-5

科 目 汇 总 表

年　　月　　日至　　月　　日

编号：				
凭证号数	现金	自第	号至	号止
	银行	自第	号至	号止
	转账	自第	号至	号止
	专项	自第	号至	号止

会计科目	总页	借方	贷方	会计科目	总页	借方	贷方
		千百十万千百十元角分	千百十万千百十元角分			千百十万千百十元角分	千百十万千百十元角分
合　　计				合　　计			

财会主管　　　　　　　记账　　　　　　　复核　　　　　　　制表

项目三　2016年11月经济业务

一、2016年11月经济业务的原始凭证

凭证3-1-1

借　款　单

2016年11月1日　　　　　　　　　　　　　　　　　　　　　No. 20161101

借款部门	采购部	借款人	王鑫
借款原因	预借差旅费		
借款金额:(大写)⊗肆仟元整		现金付讫	￥4 000.00
本部门负责人签字:周涛		借款人(签章)王鑫	
领导批示:同意　王大明	会计主管核批: 李彬		付款人: 王丽

凭证3-2-1

重庆市增值税专用发票

发票联

5115161101　　　　　　　　　　　　　　　　　　　　　　　No. 56831601

开票日期:2016年11月1日

购货单位	名　　称:重庆致远机械制造股份有限公司 纳税人识别号:512233445566778 地址、电话:重庆市沙坪坝区歌乐山矿山坡150号 023-65506666 开户行及账号:中国工商银行沙坪坝支行 6222023100068898793	密码区	(略)

货物或应税劳务名称	规格型号	单位	数量	单价	金额	税率	税额
甲材料		千克	2 000	90.00	180 000.00	17%	30 600.00
乙材料		千克	700	220.00	154 000.00	17%	26 180.00
合计					￥334 000.00		￥56 780.00

价税合计(大写)	⊗叁拾玖万零柒佰捌拾元整	(小写)￥390 780.00

销货单位	名　　称:重庆前进公司 纳税人识别号:500102345611223 地址、电话:重庆市江北区建兴东路29号 023-69541818 开户银行及账号:中国工商银行江北支行 6222023100058888888	备注

收款人:　　　复核:杨芳　　　开票人:张健　　　销货单位:(章)

第三联:发票联　购货方记账凭证

凭证 3-2-2

中国工商银行转账支票存根(渝)
20161101
附加信息
出票日期:2016 年 11 月 1 日
收款人:重庆前进公司
金　额:￥390 780.00
用　途:材料款
单位主管:李彬　　　会计:谭娟

凭证 3-2-3

重庆市增值税专用发票

发票联

5115161102　　　　　　　　　　　　　　　　　　　　　　　　　　No.56831602

开票日期:2016 年 11 月 1 日

购货单位	名　称:重庆致远机械制造股份有限公司 纳税人识别号:512233445566778 地址、电话:重庆市沙坪坝区歌乐山矿山坡 150 号 023-65506666 开户行及账号:中国工商银行沙坪坝支行 6222023100068898793		密码区	(略)			第三联:发票联 购货方记账凭证
货物或应税劳务名称	规格型号	单位	数量	单价	金额	税率	税额
甲材料运费					2 000.00	11%	220.00
乙材料运费					700.00	11%	77.00
合计					￥2 700.00		￥297.00
价税合计(大写)	⊗贰仟玖佰玖拾柒元整					(小写)￥2 997.00	
销货单位	名　称:重庆迅速运输有限公司 纳税人识别号:500000310007895 地址、电话:重庆市江北区海尔路 230 号 023-67348116 开户银行及账号:中国工商银行江北支行 6222023100067348116						备注

收款:　　　复核:杨江　　　开票人:唐红梅　　　销货单位:(章)

凭证 3-2-4

```
中国工商银行转账支票存根(渝)

           20161102
附加信息


出票日期:2016 年 11 月 1 日
收款人:重庆市迅速运输有限公司
金  额:￥2 997.00
用  途:运费
单位主管:李彬    会计:谭娟
```

凭证 3-2-5

收 料 单

收料仓库:原料仓　　　　2016 年 11 月 1 日　　　　收字20161101号

材料编号	材料名称	单位	数量 应收	数量 实收	实际价格 买价	实际价格 运杂费	实际价格 其他	实际价格 合计	实际单价
101	甲材料	千克	2 000	2 000					
102	乙材料	千克	700	700					
合计									

制单:马立伟　　　　验收:雷蕾　　　　验收日期:2016 年 11 月 1 日

凭证 3-3-1

```
中国工商银行转账支票存根(渝)

           20161103
附加信息


出票日期:2016 年 11 月 2 日
收款人:重庆杰利广告公司
金  额:￥106 000.00
用  途:广告费
单位主管:李彬    会计:谭娟
```

项目三　2016年11月经济业务　　　　　　　　　　45

凭证 3-3-2

重庆市增值税专用发票

5115161103

发票联

No.56831603

开票日期：2016年11月2日

购货单位	名　　称：重庆致远机械制造股份有限公司 纳税人识别号：512233445566778 地址、电话：重庆市沙坪坝区歌乐山矿山坡150号 023-65506666 开户行及账号：中国工商银行沙坪坝支行 6222023100068898793	密码区	（略）	第三联：发票联　购货方记账凭证

货物或应税劳务名称	规格型号	单位	数量	单价	金额	税率	税额
广告费			1.00	100 000.00	100 000.00	6%	6 000.00
合计					￥100 000.00		￥6 000.00

价税合计（大写）	⊗拾万陆仟元整	（小写）￥106 000.00

销货单位	名　　称：重庆杰利广告公司 纳税人识别号：500000310009642 地址、电话：重庆市江北区建东路5号 023-67349642 开户银行及账号：中国工商银行江北支行 6222023100067349942	备注

收款人：方芳　　　复核人：周怡　　　开票人：杨艳　　　销货单位：（章）

凭证 3-4-1

```
中国工商银行现金支票存根（渝）

               20161104
附加信息



出票日期：2016年11月3日
收款人：重庆致远机械制造股份有限公司
金　额：￥20 000.00
用　途：备用金
单位主管：李彬　　　会计：谭娟
```

凭证 3-4-2

借 款 单

2016 年 11 月 4 日　　　　　　　　　　　　　　　　　　No. 161102

借款部门	销售部		
借款原因	定额备用金	现金付讫	
借款金额:(大写)⊗贰万元整			￥20 000.00
本部门负责人签字:胡大勇	借款人(签章):周娟		
领导批示:同意　王大明	会计主管:李彬	付款人:王丽	

凭证 3-5-1

重庆市增值税专用发票

发票联

5115161104　　　　　　　　　　　　　　　　　　　　　　　No. 56831604

开票日期:2016 年 11 月 5 日

购货单位	名　　　称: 重庆致远机械制造股份有限公司 纳税人识别号: 512233445566778 地址、电话: 重庆市沙坪坝区歌乐山矿山坡 150 号 023-65506666 开户行及账号: 中国工商银行沙坪坝支行 6222023100068898793	密码区	(略)
货物或应税劳务名称	规格型号	单位	数量	单价	金额	税率	税额
财产保险费			1.00	6 000.00	6 000.00	6%	360.00
合计					￥6 000.00	6%	￥360.00
价税合计(大写)	⊗陆仟叁佰陆拾元整		(小写)￥6 360.00
销货单位	名　　　称: 新华财产保险股份有限公司重庆分公司 纳税人识别号: 500000310001955 地址、电话: 重庆市南岸区海峡路 66 号 023-87341955 开户银行及账号: 中国工商银行南坪支行 6222023100067341995	备注	属于管理部门保险费

第三联：发票联　购货方记账凭证

收款人:周丽　　　　复核人:李峰　　　　开票人:张莹　　　　销货单位:(章)

凭证 3-5-2

中国工商银行转账支票存根(渝)

20161105

附加信息

出票日期:2016 年 11 月 5 日

| 收款人:新华财产保险股份有限公司重庆分公司 |
| 金　额:￥6 360.00 |
| 用　途:支付财产保险费 |
| 单位主管:李彬　　　会计:谭娟 |

凭证 3-6-1

重庆市增值税专用发票

记账联

5400161101　　　　　　　　　　　　　　　　　No.24571101

开票日期:2016 年 11 月 6 日

购货单位	名　称:重庆大众机械有限公司 纳税人识别号:503587008923217 地址、电话:重庆市渝北区红锦大道 162 号 023-69999999 开户行及账号:中国工商银行加州支行 6222023100086000001								密码区	(略)
货物或应税劳务名称	规格型号	单位	数量	单价	金额	税率	税额		
A 产品		台	40	3 000.00	120 000.00	17%	20 400.00		
合计					￥120 000.00		￥20 400.00		
价税合计(大写)	⊗壹拾肆万零肆佰元整							(小写)￥140 400.00		
销货单位	名　称:重庆致远机械制造股份有限公司 纳税人识别号:512233445566778 地址、电话:重庆市沙坪坝区歌乐山矿山坡 150 号 023-65506666 开户行及账号:中国工商银行沙坪坝支行 6222023100068898793								备注	

收款人:　　　复核:田甜　　　开票人:谭娟　　　销货单位:(章)

凭证3-6-2

中国工商银行银行承兑汇票　2

签发日期(大写):贰零壹陆年壹拾壹月零陆日　　汇票号码:第 00005238 号

出票人	全称	重庆大众机械有限公司	收款人	全称	重庆致远机械制造股份有限公司
	账号	6222023100086000001		账号	6222023100068898793
	付款行全称	中国工商银行加州支行		开户银行	中国工商银行沙坪坝支行

出票金额:(大写)⊗壹拾肆万零肆佰元整		(小写)¥140 400.00	
汇票到期日(大写)	贰零壹柒年零壹月零陆日	付款行	行号	313584000416
承兑协议号	632541		地址	重庆市渝北区红锦大道188号
本汇票请你行承兑,到期无条件付款。 出票人签章:		备注:不计息 复核:　　　　记账:	

凭证3-6-3

发　货　单

2016年11月6日

购货单位:重庆大众机械有限公司　　　　　　　　　　　　　　　　编号:20161101

名称	规格	计量单位	数量	单位成本	总成本	备注
A产品		台	40			
合　计						

销售部门负责人:马林　　　　发货人:雷蕾　　　　提货人:　　　　制单:雷蕾

凭证3-7-1

中国建设银行国库券专用收款凭证

2016年11月7日　　　　　　　　　　　　　　　　　　　　　No.0818654

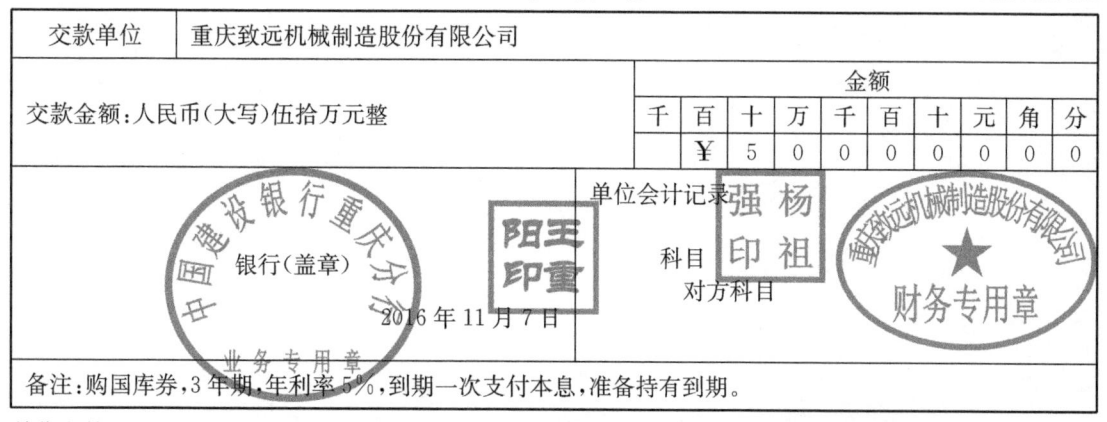

交款单位	重庆致远机械制造股份有限公司										
		金额									
交款金额:人民币(大写)伍拾万元整		千	百	十	万	千	百	十	元	角	分
				¥5	0	0	0	0	0	0	0
银行(盖章) 2016年11月7日		单位会计记录 科目 对方科目									
备注:购国库券,3年期,年利率5%,到期一次支付本息,准备持有到期。											

单位主管:　　　会计:张方　　　复核:周民　　　收款人:李健康

凭证 3-7-2

中国建设银行网上银行电子回单					
币别：	人民币	日期：2016-11-07		凭证号：20160101	交易流水号：0010072996110101
付款人	全　称	重庆致远机械制造股份有限公司	收款人	全　称	中国建设银行重庆分行
^	账　号	6227003761600788788	^	账　号	32201988738050315260
^	开户行	中国建设银行沙坪坝支行	^	开户行	
大写金额	⊗伍拾万元整			小写金额	￥500 000.00
用　途	购买国库券				
钞汇标志	钞户				
重要提示：电子回单可重复打印，如您已通过银行柜台取得相应纸质回单，请注意核对，勿重复记账。					
第1次补打。					

凭证 3-8-1

中国建设银行网上银行电子回单					
币别：	人民币	日期：2016-11-07		凭证号：20160102	交易流水号：0010072996110102
付款人	全称	重庆致远机械制造股份有限公司	收款人	全称	重庆黄河有限责任公司
^	账号	6227003761600788788	^	账号	6227003761600118938
^	开户行	中国建设银行沙坪坝支行	^	开户行	中国建设银行石桥铺分理处
大写金额	⊗贰拾叁万肆仟元整			小写金额	￥234 000.00
用　途	支付前欠货款				
钞汇标志	钞户				
重要提示：电子回单可重复打印，如您已通过银行柜台取得相应纸质回单，请注意核对，勿重复记账。					
第1次补打。					

凭证 3-9-1

中国工商银行短期贷款申请书

2016 年 11 月 07 日

申请企业基本资料				
借款单位	重庆致远机械制造股份有限公司		企业性质	股份有限公司
地址	重庆市沙坪坝区歌乐山矿山破150号		联系电话	023-65506666
主营业务范围	机械制造			
注册资本	721万元		实收资本	721万元
法人代表	杨祖强		财务负责人	王大明
基本户银行	中国工商银行沙坪坝支行		账号	6222023100068898793
申请金额	280万元		申请期限	6个月
借款原因	由于本公司近半年来，生产销售情况良好，但收回货款比较困难，特申请短期借款。			
借款单位财务章：		信贷员意见：同意贷款		
法定代表人（公章）：		主管领导：同意	信贷部门负责人：	

凭证 3-9-2

中国工商银行借款借据

2016 年 11 月 07 日

借款种类	短期	借款用途	流动资金	利率：5%	上浮：0%
借款人名称	重庆致远机械制造股份有限公司		贷款账户账号	6222023100068898793	
放款账户名称	重庆致远机械制造股份有限公司		存款账户账号	6222023100068898793	

借款金额（大写）：⊗贰佰捌拾万元整	千	百	十	万	千	百	十	元	角	分
	¥	2	8	0	0	0	0	0	0	0

还款登记	年	月	日	还本金额	还息金额	结欠本金	结欠利息	经办员

兹根据 JSYH20165896 号合同办理此笔贷款
借款人（单位）签章：
法定代表人签字：
经手人签字：
2016 年 11 月 07 日

贷款单位：　　　　　（公章）
审批人：　　　　　（签章）
信贷员：2016 年 11 月 07 日

凭证 3-10-1

中国工商银行进账单(收账通知)

2016 年 11 月 8 日　　　　　　　　　　　　　　第 20161101 号

出票人	全称	重庆长江水利设备有限公司	收款人	全称	重庆致远机械制造股份有限公司
	账号	6222023100032331020		账号	6222023100068898793
	开户银行	中国工商银行白马凼分理处		开户银行	中国工商银行沙坪坝支行

人民币(大写) ⊗壹拾万元整	千	百	十	万	千	百	十	元	角	分
		¥	1	0	0	0	0	0	0	0

票据种类	转账支票	票据张数	1
票据号码	20167701		

备注：系前欠的货款及税金

凭证 3-11-1

中国建设银行偿还贷款凭证(第一联)

收款日期：2016 年 11 月 8 日　　　　　　代码：

借款单位	重庆致远机械制造股份有限公司	借款编号	1411111111111111
扣款账号	6227003761600788788	贷款银行	中国建设银行

还款金额(大写)	⊗玖拾壹万捌仟元整	百	十	万	千	百	十	元	角	分
			¥	9	1	8	0	0	0	0

贷款种类	流动资金借款	借出日期	2016 年 5 月 8 日	约定还款日期	2016 年 11 月 8 日
本金	900 000.00	利息	18 000.00	罚息	0.00
复利	0.00	违约金	0.00	剩余贷款本金	0.00

上列款项请由本单位账号内偿还到期贷款
此致
　敬礼

复核员：　　　　记账

注：该款项已通过银行账户划账

凭证 3-12-1

罚款通知单

财务部：
　　加工车间工人车强因违规操作，经公司经理办公会研究决定，对其罚款贰佰元整(小写¥200.00)。

经理办公室
2016 年 11 月 9 日

凭证 3-13-1

重庆市增值税专用发票
记账联

5400161102

No.24571102

开票日期：2016 年 11 月 10 日

购货单位	名　　称：重庆宏伟股份有限公司 纳税人识别号：5133668745885546 地址、电话：重庆市江津区宣化路 162 号 023-47899999 开户行及账号：中国工商银行江津支行 6222023100086777777					密码区	（略）
货物或应税劳务名称	规格型号	单位	数量	单价	金额	税率	税额
A 产品 B 产品		台 台	170 230	3 200.00 3 500.00	544 000.00 805 000.00	17％ 17％	92 480.00 136 850.00
合　计					¥1 349 000.00		¥229 330.00
价税合计（大写）	⊗壹佰伍拾柒万捌仟叁佰叁拾元整					(小写)¥1578330.00	
销货单位	名　　称：重庆致远机械制造股份有限公司 纳税人识别号：512233445566778 地址、电话：重庆市沙坪坝区歌乐山矿山坡 150 号 023-65506666 开户行及账号：中国工商银行沙坪坝支行 6222023100068898793					备注	

第一联：记账联　销货方记账凭证

收款人：王丽　　　复核：田甜　　　开票人：谭娟　　　销货单位：(章)

凭证 3-13-2

```
中国工商银行现金支票存根(渝)

          20161106
附加信息


出票日期：2016 年 11 月 10 日
┌─────────────────────┐
│ 收款人：重庆圆通快运公司          │
│                                 │
│ 金　额：¥800.00                 │
│                                 │
│ 用　途：代垫运费                 │
└─────────────────────┘
单位主管：李彬　　　会计：谭娟
```

凭证 3-13-3

发 货 单

2016 年 11 月 10 日

购货单位：重庆宏伟股份有限公司　　　　　　　　　　　　　　　　编号：20161102

名称	规格	单位	数量	单位成本	总成本	备注
A产品		台	170			
B产品		台	230			
合计						

销售部门负责人：　　　　　发货人：雷蕾　　　　　提货人：　　　　　制单：雷蕾

凭证 3-13-4

中国工商银行商业承兑汇票　　2　xx0000

出票日期：（大写）贰零壹陆年壹拾壹月零壹拾日　　　　　　　第 3192978

付款人	全称	重庆宏伟股份有限公司	收款人	全称	重庆致远机械制造股份有限公司
	账号	6222023100086777777		账号	6222023100068898793
	开户行	中国工商银行江津支行	行号		开户行	中国工商银行沙坪坝支行	行号

出票金额：（大写）⊗壹佰伍拾柒万捌仟叁佰叁拾元整　　￥1 5 7 8 3 3 0 0 0（千百十万千百十元角分）

汇票到期日：贰零壹柒年零叁月零壹拾日　　交易合同号码：2002456

本汇票已经承兑，到期无条件支付款
不带息商业汇票

承兑人签章：
承兑日期：贰零壹陆年壹拾壹月零壹拾日

本汇票请予以承兑并于到期日付款

出票人签章：

凭证 3-14-1

中国工商银行电子缴税付款凭证

转账日期：2016 年 11 月 10 日

纳税人全称及纳税识别号：重庆致远机械制造股份有限公司 512233445566778
付款人全称：重庆致远机械制造股份有限公司
付款人账号：6222023100068898793
征收机关名称：重庆市沙坪坝区国家税务局
收款国库（银行）：国家金库重庆市沙坪坝支库
小写（合计）金额：￥220 000.00　　　　　　缴款书交易流水号：
大写（合计）金额：贰拾贰万元整　　　　　　税票号码：
税种名称　　　　　所属时期　　　　　　　实缴金额
增值税　　　　　20161001-20161031　　　￥220,000.00

第一联　作付款方记账凭证　　　复核：　　　记账：

凭证 3-14-2

中国工商银行电子缴税付款凭证

转账日期：2016 年 11 月 10 日

纳税人全称及纳税识别号：重庆致远机械制造股份有限公司 512233445566778
付款人全称：重庆致远机械制造股份有限公司
付款人账号：6222023100068898793
征收机关名称：重庆市沙坪坝区地方税务局
收款国库（银行）：国家金库重庆市沙坪坝支库
小写（合计）金额：¥22 000.00
大写（合计）金额：贰万贰仟元整

税种名称	所属时期	实缴金额
城市维护建设税	20161001-20161031	¥15 400.00
教育费附加	20161001-20161031	¥6 600.00

缴款书交易流水号：
税票号码：

（印章：中国工商银行沙坪坝支行 2016.11.10 转讫）

第一联　作付款方记账凭证　　　复核：　　　记账：

凭证 3-15-1

重庆市增值税专用发票

发票联

5115161105　　　　　　　　　　　　　　　No. 56831605
　　　　　　　　　　　　　　　　　开票日期：2016 年 11 月 10 日

购货单位：
名　称：重庆致远机械制造股份有限公司
纳税人识别号：512233445566778
地址、电话：重庆市沙坪坝区歌乐山矿山坡 150 号 023-65506666
开户行及账号：中国工商银行沙坪坝支行 6222023100068898793

密码区：（略）

货物或应税劳务名称	规格型号	单位	数量	单价	金额	税率	税额
甲材料		千克	3 000	86.40	259 200.00	17%	44 064.00
乙材料		千克	2 500	220.32	550 800.00	17%	93 636.00
合计					¥810 000.00		¥137 700.00

价税合计（大写）：⊗玖拾肆万柒仟柒佰元整　　　（小写）¥947 700.00

销货单位：
名　称：重庆红光有限责任公司
纳税人识别号：503312345678988
地址、电话：重庆市江北区滨江路 13 号 023-69541818
开户银行及账号：中国农业银行滨江路分理处 9559980749540300028

备注：款暂欠

第二联：发票联　购货方记账凭证

收款人：李笑　　复核：王兰　　开票人：林健康　　销货单位：（章）

凭证 3－15－2

重庆市增值税专用发票

发票联

5115161106 No.56831606

开票日期:2016 年 11 月 10 日

购货单位	名　　　称:重庆致远机械制造股份有限公司 纳税人识别号:512233445566778 地址、电话:重庆市沙坪坝区歌乐山矿山坡 150 号 023－65506666 开户行及账号:中国工商银行沙坪坝支行 6222023100068898793	密码区	（略）

货物或应税劳务名称	规格型号	单位	数量	单价	金额	税率	税额
甲材料运费		千克	3 000	1.00	3 000.00	11%	330.00
乙材料运费		千克	2 500	1.00	2 500.00	11%	275.00
合计					￥5 500.00	11%	￥605.00

价税合计(大写)	⊗陆仟壹佰零伍元整	(小写)￥6 105.00

销货单位	名　　　称:重庆通顺运输有限公司 纳税人识别号:512233445666666 地址、电话:重庆市沙坪坝区盛德路 120 号 023－65667788 开户银行及账号:中国工商银行沙坪坝支行 6222023100065667788	备注	

收款人:曹寅　　　复核人:雷雨　　　开票人:曹礼　　　销货单位:(章)

第三联：发票联　购货方记账凭证

凭证 3－15－3

```
中国工商银行转账支票存根(渝)

            20161107
附加信息



出票日期:2016 年 11 月 10 日

收款人:重庆通顺运输有限公司

金　额:￥6 105.00

用　途:运费

单位主管:李彬　　会计:谭娟
```

凭证 3-16-1

产成品入库单

交库单位:加工车间　　　　2016 年 11 月 10 日　　　　　　　　　　仓库:成品仓

产品名称	规格	计量单位	计量单位(台)	总成本	单位成本	备注
A产品		台	310	589 000.00		该批完工产品系月初在产品产品,现验收入库。
B产品		台	300	630 000.00		
			610	1 219 000.00		

车间负责人:　　　　　仓库管理员:雷蕾　　　　　制单:雷蕾

凭证 3-17-1

差旅费报销单

2016 年 11 月 10 日　　　　　　　　　　　　　　　附件 3 张(略)

部门	采购科				姓名	王鑫		
出差事由	前往成都参加订货会				出差日期	自 2016 年 11 月 1 日		
到达地点	成都市					至 2016 年 11 月 8 日　共 8 天		
路　费					住宿费	伙食补助	会议费	其他
飞机	火车	汽车	轮船	其他	共 7 天	共 8 天		
	200.00	400.00			1 400.00	400.00	1 400.00	40.00
总计报销金额(大写)叁仟捌佰肆拾元整			¥3 840.00		原借差旅费	4 000.00		
领导批示:刘子松　　会计主管:李彬　　报销人签章:王鑫　　出纳员签章:王丽								

凭证 3-17-2

收　据

NO.00241101

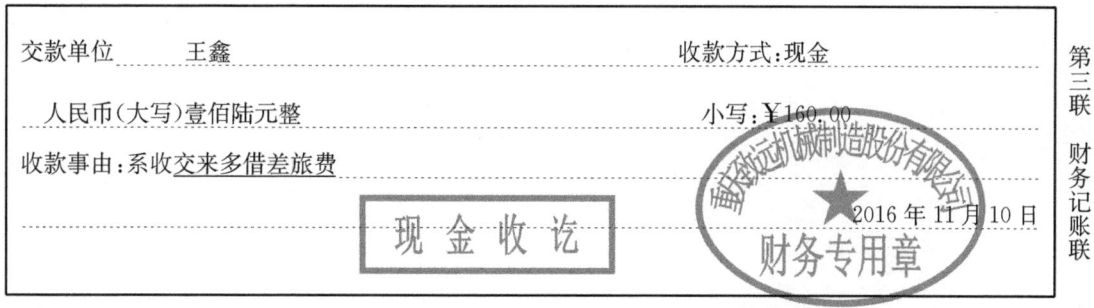

日期:2016 年 11 月 10 日

交款单位　　王鑫　　　　　　　　　　　　　　收款方式:现金

人民币(大写)壹佰陆拾元整　　　　　　　　　小写:¥160.00

收款事由:系收交来多借差旅费

现金收讫　　　　2016 年 11 月 10 日　财务专用章

单位盖章:　　会计主管:李彬　　记账:　　出纳:王丽　　审核:谭娟　　经办:王鑫

第三联　财务记账联

凭证 3-18-1

领 料 单

材料科目:原材料　　　　　　　　　　　　　　　　　　　　凭证编号:20161101
领料单位:基本生产车间　　　　　　　　　　　　　　　　　发料仓库:原料仓
材料用途:生产 A 产品　　　　2016 年 11 月 10 日

材料编号	材料名称	材料规格	计量单位	数量		实际成本	
				请领	实发	单价	金额
101	甲材料		千克	400	400		
102	乙材料		千克	300	300		
合计							

记账:　　　　领料单位负责人:　　　　领料人:王刚强　　　　发料人:雷蕾

凭证 3-18-2

领 料 单

材料科目:原材料　　　　　　　　　　　　　　　　　　　　凭证编号:20161102
领料单位:基本生产车间　　　　　　　　　　　　　　　　　发料仓库:原料仓
材料用途:生产 B 产品　　　　2016 年 11 月 10 日

材料编号	材料名称	材料规格	计量单位	数量		实际成本	
				请领	实发	单价	金额
101	甲材料		千克	600	600		
102	乙材料		千克	300	300		
合计							

记账:　　　　领料单位负责人:　　　　领料人:王刚强　　　　发料人:雷蕾

凭证 3-18-3

领 料 单

材料科目:原材料　　　　　　　　　　　　　　　　　　　　凭证编号:20161103
领料单位:基本生产车间　　　　　　　　　　　　　　　　　发料仓库:原料仓
材料用途:生产 A 产品　　　　2016 年 11 月 10 日

材料编号	材料名称	材料规格	计量单位	数量		实际成本	
				请领	实发	单价	金额
103	丙材料		千克	150	150		
104	丁材料		千克	450	450		
合计							

记账:　　　　领料单位负责人:　　　　领料人:王刚强　　　　发料人:雷蕾

凭证 3－18－4

领 料 单

材料科目:原材料及周转材料　　　　　　　　　　　　　　　　凭证编号:20161104
领料单位:基本生产车间　　　　　　　　　　　　　　　　　　发料仓库:原料仓
材料用途:生产 B 产品　　　　2016 年 11 月 10 日

材料编号	材料名称	材料规格	计量单位	数量 请领	数量 实发	实际成本 单价	实际成本 金额
105	机物料		千克	450	450		
301	木箱		个	1 000	1 000		
合计							

记账:　　　　领料单位负责人:　　　　领料人:王刚强　　　　发料人:雷蕾

凭证 3－18－5

领 料 单

材料科目:原材料　　　　　　　　　　　　　　　　　　　　　凭证编号:20161105
领料单位:运输车间　　　　　　　　　　　　　　　　　　　　发料仓库:原料仓
材料用途:一般耗用　　　　2016 年 11 月 10 日

材料编号	材料名称	材料规格	计量单位	数量 请领	数量 实发	实际成本 单价	实际成本 金额
105	机物料		千克	100	100		
合计							

记账:　　　　领料单位负责人:　　　　领料人:王刚强　　　　发料人:雷蕾

凭证 3－18－6

领 料 单

材料科目:原材料　　　　　　　　　　　　　　　　　　　　　凭证编号:20161106
领料单位:运输车间　　　　　　　　　　　　　　　　　　　　发料仓库:原料仓
材料用途:劳动保护　　　　2016 年 11 月 10 日

材料编号	材料名称	材料规格	计量单位	数量 请领	数量 实发	实际成本 单价	实际成本 金额
302	工作服		件	10	10		
合计							

记账:　　　　领料单位负责人:　　　　领料人:王刚强　　　　发料人:雷蕾

凭证 3-18-7

领 料 单

材料科目:原材料　　　　　　　　　　　　　　　　　　　凭证编号:20161107
领料单位:销售部门　　　　　　　　　　　　　　　　　　发料仓库:原料仓
材料用途:销售服务　　　　　2016 年 11 月 10 日

材料编号	材料名称	材料规格	计量单位	数量 请领	数量 实发	实际成本 单价	实际成本 金额
105	机物料		千克	100	100		
合计							

记账:　　　　领料单位负责人:　　　　领料人:王刚强　　　　发料人:雷蕾

凭证 3-18-8

领 料 单

材料科目:原材料　　　　　　　　　　　　　　　　　　　凭证编号:20161108
领料单位:行政管理部门　　　　　　　　　　　　　　　　发料仓库:原料仓
材料用途:一般耗用　　　　　2016 年 11 月 10 日

材料编号	材料名称	材料规格	计量单位	数量 请领	数量 实发	实际成本 单价	实际成本 金额
105	机物料		千克	200	200		
合计							

记账:　　　　领料单位负责人:　　　　领料人:王刚强　　　　发料人:雷蕾

凭证 3-18-9

领 料 单

材料科目:周转材料　　　　　　　　　　　　　　　　　　凭证编号:20161109
领料单位:基本生产车间　　　　　　　　　　　　　　　　发料仓库:原料仓
材料用途:劳动保护、一般耗用　　　2016 年 11 月 10 日

材料编号	材料名称	材料规格	计量单位	数量 请领	数量 实发	实际成本 单价	实际成本 金额
302	工作服		件	50	50		
303	专用工具		个	100	100		
合计							

记账:　　　　领料单位负责人:　　　　领料人:王刚强　　　　发料人:雷蕾

凭证 3-19-1

贴现凭证(代申请书)

填写日期:贰零壹陆年壹拾壹月壹拾壹日

申请人	全称	重庆致远机械制造股份有限公司	贴现汇票	种类	商业承兑汇票	号码	352
	账号	6222023100068898793		出票日期	2016年8月11日		
	开户银行	中国工商银行沙坪坝支行		到期日期	2017年2月11日		
汇票承兑人(或银行)	名称	重庆大众机械有限公司	开户银行账号	中国工商银行加州支行 6222023100086000001			
汇票金额(贴现金额)	(大写)⊗肆拾柒万肆仟肆佰元整			¥474 400.00			
年贴现率	12%	贴现息		贴现净额			
自根据《银行结算办法》的规定,附送承兑汇票申请贴现,请审核。 此致 贴现银行 申请人签章	银行审核		贴现款已存入你单位账户。 2016.11.11 负责人: 信贷员: 2016年11月11日			科目(付) 对方科目(收) 复核 记账	

备注:该票据无追索权

凭证 3-20-1

中国工商银行贷款利息结算通知单

NO. 2009387746

户名:	重庆致远机械制造股份有限公司	生产周转贷款	年利率 4.5%
账号:	6222023100068898793		
计息期:2016年7月至11月		贷款本金:2 000 000.00	
利息金额合计(大写):⊗叁万元整		¥30 000.00	
上述借款利息已如数从你单位存款账户中转出。			2016年11月11日

凭证 3-21-1

特殊记账凭证

根据银行通知,上月贴现的重庆万方实业有限责任公司的商业承兑汇票因对方公司无力付款,银行将贴现商业承兑汇票款从企业存款中划出,请财务做出相应的调整。

总经理:王大明　　　　　　　　　　　　财务经理:刘子松
2016年11月12日　　　　　　　　　　　2016年11月12日

备注:该商业承兑汇票面值234 000元,期限为3个月,不带息,贴现率为12%,贴现期限为2个月。

凭证 3-21-2

中国工商银行电子回单

转账日期：2016 年 11 月 12 日

纳税人全称及纳税识别号：重庆致远机械制造股份有限公司 512233445566778
付款人全称：重庆致远机械制造股份有限公司
付款人账号：6222023100068898793
摘要：扣已贴现商业承兑汇票款
用途：扣已贴现商业承兑汇票款
小写(合计)金额：￥234 000.00
大写(合计)金额：贰拾叁万肆仟元整
备注：扣已贴现商业承兑汇票款
第一联　作付款方记账凭证

缴款书交易流水号：
税票号码：
复核：　　　　　记账：

（印章：中国工商银行沙坪坝支行 2016.11.12 转讫）

凭证 3-22-1

重庆市增值税专用发票

5115161107

发票联

No.56831607

开票日期：2016 年 11 月 12 日

购货单位	名　　称：重庆致远机械制造股份有限公司 纳税人识别号：512233445566778 地址、电话：重庆市沙坪坝区歌乐山矿山坡 150 号 023-65506666 开户行及账号：中国工商银行沙坪坝支行 6222023100068898793							密码区	（略）	
货物或应税劳务名称	规格型号	单位	数量	单价	金额	税率	税额			
万能磨床		台	2	28 000.00	56 000.00	17％	9 520.00			
合计						￥56 000.00	17％	￥9 520.00			
价税合计(大写)	⊗陆万伍仟伍佰贰拾元整							(小写)￥65 520.00			
销货单位	名　　称：重庆市阳光重型机械厂 纳税人识别号：500762171468975 地址、电话：重庆市渝中区大坪正街 66 号 023-69541818 开户银行及账号：中国工商银行大坪支行 6222023100658942389							备注	

收款人：李楚　　　复核：周珍　　　开票人：王笑笑　　　销货单位：(章)

（印章：重庆市阳光重型机械厂 500762171468975 发票专用章）

凭证 3-22-2

中国工商银行　电汇凭证(回单)

日期:2016 年 11 月 12 日　　　　　　　　　　　　　　第 087 号

汇款人	全称	重庆致远机械制造股份有限公司	收款人	全称	重庆市阳光重型机械厂
	账号	6222023100068898793		账号	6222023100658942389
	汇出行名称	中国工商银行沙坪坝支行		汇入行名称	中国工商银行大坪支行

金额	人民币(大写)⊗陆万伍仟伍佰贰拾元整	千	百	十	万	千	百	十	元	角	分
				¥	6	5	5	2	0	0	0

支付密码

附加信息及用途　购万能磨床

汇款行签章　　　　　　　　　　　　　　　复核　　　　记账

凭证 3-22-3

重庆市增值税专用发票

5115161108　　　　　　　　　发票联　　　　　　　　　　　No.56831608

开票日期:2016 年 11 月 12 日

购货单位	名　　称: 重庆致远机械制造股份有限公司 纳税人识别号:512233445566778 地址、电话:重庆市沙坪坝区歌乐山矿山坡 150 号 023-65506666 开户行及账号:中国工商银行沙坪坝支行 6222023100068898793	密码区	(略)

货物或应税劳务名称	规格型号	单位	数量	单价	金额	税率	税额
运费			1	1 000.00	1 000.00	11%	110.00
合计					¥1 000.00		¥110.00

价税合计(大写)	⊗壹仟壹佰壹拾元整	(小写)¥1 110.00

销货单位	名　　称: 重庆顺丰运输有限公司 纳税人识别号:512233445667777 地址、电话:重庆市沙坪坝区思贤路 168 号 023-65667777 开户银行及账号:中国工商银行沙坪坝支行 6222023100065666666	备注	收款方式:现金

收款人:唐英　　　复核人:宋赢　　　开票人:杨虎　　　销货单位:(章)

凭证 3-22-4

固定资产验收单

被通知单位：加工车间　　　　2016年11月12日　　　　　　　　　　编号：22344

类别	名称	资产编号	规格型号	来源	数量	购（造）价	预计使用年限	月折旧率	预计残值
机器	万能磨床	2234	GB6340	购入	2		13	0.6%	
	建造单位			交工日期		附件			
	重庆市阳光重型机械厂			2016.11.12					
验收部分		设备科				管理处			
备注									

通知单位：厂办　　　　　　　　经办人：刘立新

凭证 3-23-1

重庆市公益事业捐赠统一票据
收据联

付款单位：重庆致远机械制造股份有限公司　2016年11月13日　　　　发票号码：10180320

项目内容	金　额							备注
	十万	千	百	十	元	角	分	
捐款重庆市残疾人协会	1	0	0	0	0	0	0	
合计人民币（大写）：⊗壹万元整	¥ 1	0	0	0	0	0	0	

收款单位名称：（盖章）　　　　　　　　　　开票人：

凭证 3-23-2

```
中国工商银行转账支票存根（渝）
         20161108
附加信息


出票日期：2016年11月13日
收款人：重庆市残疾人协会
金　额：¥10 000.00
用　途：捐赠
单位主管：李彬　　会计：谭娟
```

凭证 3-24-1

西南证券股份有限公司重庆分公司结算凭证

11/15/2016　　　　　　　　　成交过户交割单　　　　　　　　　　　　　买

股东编号	B143569775	成交证券	股票 600051
电脑编号	12803	成交数量	10 000
公司名称	重庆致远机械制造股份有限公司	成交价格	20.00
申报编号	286	成交金额	200 000.00
申报时间	9:10	佣金	500.00
成交时间	10:10	过户费	
上次余额	0(股)	印花税	600.00
本次成交	10 000(股)	应付金额	
本次余额	10 000(股)	附加费用	
本次库存	10 000(股)	实付金额	201 100.00
备注：不准备长期持有，款项已通过投资专户划转				

经办单位：(盖章)　　　　　　　　　　　　　　　　　客户签章：王明伟

凭证 3-25-1

中国工商银行现金支票存根(渝)

20161109

附加信息

出票日期：2016 年 11 月 15 日

收款人：重庆致远机械制造股份有限公司

金　额：¥40 000.00

用　途：备用金

单位主管：李彬　　会计：谭娟

凭证 3-26-1

中国工商银行电子回单

转账日期：2016 年 11 月 15 日

```
纳税人全称及纳税识别号：重庆致远机械制造股份有限公司 512233445566778
付款人全程：重庆致远机械制造股份有限公司
付款人账号：6222023100068898793
摘要：批量代发工资
用途：职工工资
小写(合计)金额：￥548 000.00
大写(合计)金额：伍拾肆万捌佰仟元整            交易流水号：
备注：已代付
第一联    作付款方记账凭证        复核：                记账：
```

（中国工商银行沙坪坝支行 2016.11.15 转讫 (01)）

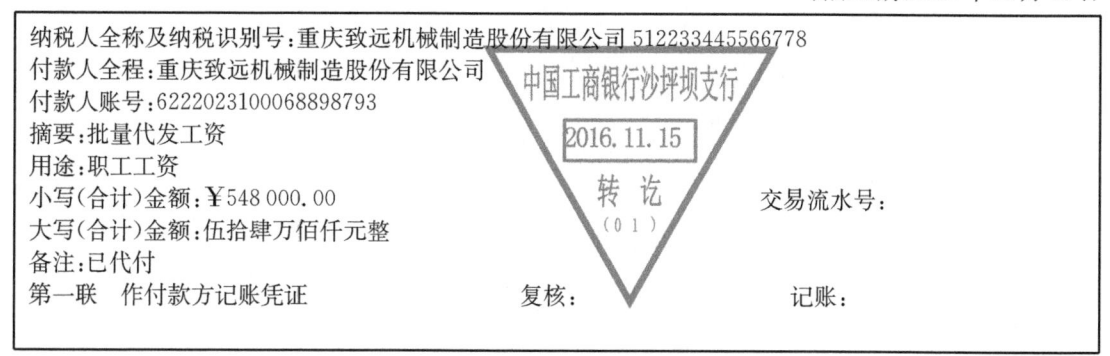

凭证 3-26-2

特色业务中国工商银行批量代付成功清单

机构代码：1101	中国工商银行沙坪坝支行	入账日期：2016 年 11 月 15 日
账号	姓名	金额
500101198912290017	王大明	4 500.00
500122196803152219	刘子松	3 280.00
500103197910242548	李彬	3 570.00
400103198510290029	谭娟	3 285.00
500102189210011457	田甜	3 285.00
500213198805011447	王丽	4 200.00
410423198503287741	王婧	3 880.00
300118199005286544	雷蕾	4 020.00
以下略		……
合计		￥548 000.00

凭证 3-27-1

中国工商银行电子付款凭证

转账日期：2016 年 11 月 15 日

```
纳税人全称及纳税识别号：重庆致远机械制造股份有限公司 512233445566778
付款人全程：重庆致远机械制造股份有限公司
付款人账号：6222023100068898793
征收机关名称：重庆市沙坪坝区国家税务局
收款国库(银行)：国家金库重庆市沙坪坝支库
小写(合计)金额：￥219 200.00            缴款书交易流水号：
大写(合计)金额：贰拾壹万玖仟贰佰元整      税票号码：
```

税种名称	所属时期	实缴金额
基本养老保险基金收入	20161001-20161031	￥147 960.00
基本医疗保险基金收入	20161001-20161031	￥60 280.00
失业保险基金收入	20161001-20161031	￥5 480.00
工伤保险基金收入	20161001-20161031	￥2 740.00
生育保险基金收入	20161001-20161031	￥2 740.00

第一联   作付款方记账凭证   复核：   记账：

（中国工商银行沙坪坝支行 2016.11.15 转讫 (01)）

凭证 3-28-1

住房公积金汇(补)缴书

日期：2016 年 11 月 15 日　　　　　　　　第 80872075 号

缴款单位	全称	重庆致远机械制造股份有限公司	收款单位	全称	重庆市住房公积金管理中心
	账号	6222023100068898793		账号	6220065012291229229
	汇出行名称	中国工商银行沙坪坝支行		汇入行名称	中国工商银行渝中区支行

缴款类型	☑汇缴　□补缴	补缴原因	
缴款人数	54 人	缴款时间	2016 年 11 月至 2016 年 11 月
缴款方式	□现金　☑转账		千百十万千百十元角分
金额(大写)	⊗壹拾叁万壹仟伍佰贰拾元整	￥	1 3 1 5 2 0 0 0

上次汇缴		本次增加汇缴		本次减少汇缴		本次汇(补)缴	
人数	金额	人数	金额	人数	金额	人数	金额

上述款项已划至市住房公积金管理中心公积金存款账户内。（银行盖章）
复核：　　　　经办：　　　2016 年 11 月 15 日

凭证 3-28-2

中国工商银行电子付款凭证

转账日期：2016 年 11 月 15 日

纳税人全称及纳税识别号：重庆致远机械制造股份有限公司 512233445566778
付款人全程：重庆致远机械制造股份有限公司
付款人账号：6222023100068898793
征收机关名称：重庆市住房公积金管理中心
收款国库(银行)：中国工商银行渝中区支行
小写(合计)金额：￥131 520.00　　　　缴款书交易流水号：
大写(合计)金额：壹拾叁万壹仟伍佰贰拾元整　　税票号码：
税种名称　　　所属时期　　　　　　　实缴金额
住房公积金　20161001-20161031　　￥131 520.00

第一联　作付款方记账凭证　　　复核：　　　记账：

凭证 3-29-1

重庆市增值税专用发票

发票联

5115161109　　　　　　　　　　　　　　　　　　　　　　　　　　　　No.56831609

开票日期：2016 年 11 月 18 日

购货单位	名　　称：重庆致远机械制造股份有限公司 纳税人识别号：512233445566778 地址、电话：重庆市沙坪坝区歌乐山矿山坡 150 号 023-65506666 开户行及账号：中国工商银行沙坪坝支行 6222023100068898793	密码区	（略）

货物或应税劳务名称	规格型号	单位	数量	单价	金额	税率	税额
机物料		千克	800	7.60	6 080.00	17%	1 033.60
木箱		个	500	6.00	3 000.00	17%	510.00
合计					￥9 080.00	17%	￥1 543.60

价税合计（大写）　⊗壹万零陆佰贰拾叁元陆角整　　　　　　（小写）￥10 623.60

销货单位	名　　称：重庆宏伟股份有限公司 纳税人识别号：513366874588556 地址、电话：重庆市江津区宣化路 162 号 023-47899999 开户银行及账号：中国工商银行江津支行 6222023100086777777	备注	

收款人：　　　　复核：张文娟　　　　开票人：陈晓蓉　　　　销货单位:（章）

凭证 3-29-2

收 料 单

供应单位：重庆宏伟股份有限公司　　2016 年 11 月 18 日　　　　　　　　收字 20161102 号
订货合同编号：　　　　　　　　　　　　　　　　　　　　　　　　　　　材料类别：原材料
发票号码：2526　　　　　　　　　　　　　　　　　　　　　　　　　　　收料仓库：原料仓

材料编号	材料名称	计量单位	数量		实际成本				
			应收	实收	买价	运杂费	其他	合计	单位成本
105	机物料	千克	800	800					
301	木箱	个	500	500					
	合计								

记账：　　　　　　　　　仓库保管：雷蕾　　　　　　　　　收料人：雷蕾

凭证 3-30-1

重庆市增值税普通发票

发票联

5000011001　　　　　　　　　　　　　　　　　　　　　　　　　　　　No.60011101

开票日期:2016 年 11 月 20 日

购货单位	名　　　　称:重庆致远机械制造股份有限公司 纳税人识别号:512233445566778 地址、电话:重庆市沙坪坝区歌乐山矿山破 150 号 023-65506666 开户行及账号:中国工商银行沙坪坝支行 6222023100068898793	密码区	（略）

货物或应税劳务名称	规格型号	单位	数量	单价	金额	税率	税额
A4 打印纸		包	30	14.53	435.90	17%	74.10
文件袋		个	300	1.50	450.00	17%	76.50
中性笔		支	300	1.50	450.00	17%	76.50
笔记本		本	200	5.50	1 100.00		187.00
合计					￥2 435.90		￥414.10

价税合计(大写)	⊗贰仟捌佰伍拾元整	(小写)￥2 850.00

销货单位	名　　　　称:重庆商社新世纪股份有限公司 纳税人识别号:500103050357294 地址、电话:重庆市渝中区八一路 68 号 023-65351111 开户银行及账号:中国农业银行渝中区支行 6222023100111111	备注	收款方式:现金

收款人:李天天　　　　复核:雷逸帆　　　　开票人:何楠　　　　销货单位:(章)

备注:该办公用品为行政管理部门使用。

第三联:发票联　购货方记账凭证

凭证 3-30-2

费用报销单

报销部门:行政办　　　　2016 年 11 月 20 日　　　　单据及附件共 1 张

用　　途	金　额(元)	备注	全部为行政管理部门使用
办公费	2 850.00		
	现金付讫	领导审批	同意报销
合　　计	￥2 850.00		

金额大写:零拾零万贰仟捌佰伍拾零元零角零分零角　　　原借款:　　元　　应退余款:　　元

会计主管:李彬　　复核:　　出纳:王丽　　报销人:谭娟　　领款人:谭娟

凭证 3-31-1

重庆市增值税专用发票

发票联

5115161110　　　　　　　　　　　　　　　　　　　　　　No.56831610

开票日期:2016 年 11 月 20 日

购货单位	名称:重庆致远机械制造股份有限公司 纳税人识别号:512233445566778 地址、电话:重庆市沙坪坝区歌乐山矿山坡 150 号 023-65506666 开户行及账号:中国工商银行沙坪坝支行 6222023100068898793	密码区	（略）

货物或应税劳务名称	规格型号	单位	数量	单价	金额	税率	税额
工业用水		吨	1 875	4.00	7 500.00	13%	975.00
合计					￥7 500.00	13%	￥975.00

价税合计（大写）	⊗捌仟肆佰柒拾伍元整	（小写）￥8 475.00

销货单位	名称:重庆市自来水有限公司 纳税人识别号:510103214975895 地址、电话:重庆市沙坪区汉渝路 10 号 023-69589589 开户银行及账号:中国工商银行汉渝路分理处 6222022540358958 9	备注	

收款人:　　　　　复核:黎娟　　　　　开票人:王静　　　　　销货单位:(章)

凭证 3-31-2

水费分配表

重庆致远机械制造股份有限公司　　　　2016 年 11 月　　　　　　　　　　　　单位:元

使用部门	耗用量	单价	金额
行政管理部门	1 500	4.00	6 000.00
生产车间	375	4.00	1 500.00
合计	1875	4.00	7 500.00

凭证 3-31-3

委托收款结算凭证（贷方凭证）

日期:2016 年 11 月 20 日　　　　　　　　　　第 1611087 号

付款人	全称	重庆致远机械制造股份有限公司	收款人	全称	重庆市自来水有限公司
	账号	6222023100068898793		账号	62220225403589589
	开户银行	中国工商银行沙坪坝支行		开户银行	中国工商银行汉渝路分理处

委托金额	人民币（大写）⊗捌仟肆佰柒拾伍元整	千	百	十	万	千	百	十	元	角	分
					￥	8	4	7	5	0	0

合同号	SS16011101	款项内容	水费	附寄单证张数	

凭证 3-32-1

重庆市增值税专用发票

发票联

5115161111

No.56831611

开票日期：2016 年 11 月 20 日

购货单位	名　　　称：重庆致远机械制造股份有限公司 纳税人识别号：512233445566778 地址、电话：重庆市沙坪坝区歌乐山矿山坡 150 号 023-65506666 开户行及账号：中国工商银行沙坪坝支行 6222023100068898793	密码区	（略）	第三联：发票联　购货方记账凭证
货物或应税劳务名称	规格型号	单位度	数量	单价	金额	税率	税额
电			23 000	0.80	18 400.00	17％	3 128.00
合计					￥18 400.00		￥3 128.00
价税合计（大写）	⊗贰万壹仟伍佰贰拾捌元整				（小写）￥21 528.00
销货单位	名　　　称：重庆市电力集团有限公司 纳税人识别号：500902202856659 地址、电话：重庆市沙坪区南开路 118 号 023-69586789 开户银行及账号：中国工商银行沙坪坝支行 6222022540358 6789	备注

收款人：　　　复核：吴立军　　　开票人：何慧　　　销货单位：（章）

凭证 3-32-2

电费分配表

重庆致远机械制造股份有限公司　　　2016 年 11 月　　　单位：元

使用部门	耗用量	单价	金额
行政管理部门	10 000	0.80	8 000.00
生产车间	13 000	0.80	10 400.00
合计	23 000	0.80	18 400.00

凭证 3-32-3

委托收款结算凭证（贷方凭证）

日期：2016 年 11 月 20 日　　　　第 1611088 号

付款人	全称	重庆致远机械制造股份有限公司	收款人	全称	重庆市电力集团有限公司
	账号	6222023100068898793		账号	6222022540358 6789
	开户银行	中国工商银行沙坪坝支行		开户银行	中国工商银行沙坪坝支行
委托金额	人民币 （大写）⊗贰万壹仟伍佰贰拾捌元整		千 百 十 万 千 百 十 元 角 分 ￥　　　　2 1 5 2 8 0 0
合同号	SS16011102	款项内容	电费	附寄单证张数	

凭证 3-33-1

收 据

NO. 00243122

入账日期：2016 年 11 月 21 日

交款单位华南金属冶炼有限责任公司	收款方式　现金
人民币(大写)壹仟壹佰柒拾元整	小写：¥1 170.00
收款事由：系包装物押金	
	2016 年 11 月 21 日

第三联　财务记账联

单位盖章：　　　会计主管：李彬　　　记账：　　　出纳：王丽　　　审核：谭娟　　　经办：

凭证 3-34-1

重庆市增值税专用发票

记账联

5400161103

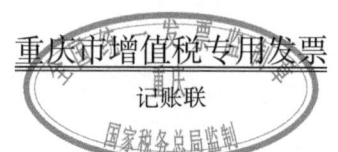

No. 24571103

开票日期：2016 年 11 月 22 日

购货单位	名　　称：上海东海股份有限公司 纳税人识别号：123478901223758 地址、电话：上海市中山路 20 号 023-69999999 开户行及账号：中国工商银行中山路支行　62110210000467982	密码区	（略）

货物或应税劳务名称	规格型号	单位	数量	单价	金额	税率	税额
乙材料		千克	500	360.00	180 000.00	17%	30 600.00
合计					¥180 000.00		¥30 600.00

价税合计(大写)	⊗贰拾壹万零陆佰元整	（小写）¥210 600.00

销货单位	名　　称：重庆致远机械制造股份有限公司 纳税人识别号：512233445566778 地址、电话：重庆市沙坪坝区歌乐山矿山坡 150 号 023-65506666 开户行及账号：中国工商银行沙坪坝支行 6222023100068898703	备注	

第一联　记账联　销货方记账凭证

收款人：　　　复核：田甜　　　开票人：谭娟　　　销货单位：(章)

凭证 3-34-2

中国工商银行进账单(收账通知)

日期:2016 年 11 月 22 日　　　　　　　　　　　　第 20161102 号

付款人	全称	上海东海股份有限公司	收款人	全称	重庆致远机械制造股份有限公司
	账号	62110210000467982		账号	6222023100068898793
	开户银行	中国工商银行中山路支行		开户银行	中国工商银行沙坪坝支行

人民币 (大写)⊗贰拾壹万零陆佰元整	千	百	十万	千	百	十	元	角	分
	¥	2	1	0	6	0	0	0	0

票据种类	转账	票据张数		
票据号码				

复核　　　记账　　　　　　　　　　　　开户行签章

备注:出售材料款

（盖章：中国工商银行沙坪坝支行 2016.11.22 收讫）

凭证 3-34-3

领　料　单

材料科目:原材料　　　　　　　　　　　　　　　　　凭证编号:20161110
领料单位:销售部　　　　　　　　　　　　　　　　　发料仓库:原料仓
材料用途:对外销售　　　　　2016 年 11 月 22 日

材料编号	材料名称	材料规格	计量单位	数量 请领	数量 实发	实际成本 单价	实际成本 金额
102	乙材料		千克	500	500		
合计							

记账:　　　领料单位负责人:　　　领料人:王刚强　　　发料人:雷蕾

凭证 3-35-1

发货单

2016 年 11 月 22 日

购货单位:重庆市商社新世纪股份有限公司　　　　　　　编号:20161103

名称	规格	单位	数量	单位成本	总成本	备注
A 产品		台	200			

销售部门负责人:　　　发货人:　　　提货人:　　　制单:

凭证 3-35-2

重庆市增值税专用发票

记账联

5400161104　　　　　　　　　　　　　　　　　　　　　　　　　　　　　No. 24571104

开票日期：2016 年 11 月 22 日

购货单位	名　称：长江水利设备有限公司 纳税人识别号：511662325669875 地址、电话：重庆市万州区雨花路 99 号 023-45669875 开户行及账号：中国工商银行万州支行　6222023100085669878								密码区	（略）
货物或应税劳务名称	规格型号	单位	数量	单价	金额	税率	税额			
A 产品		台	200	3 000.00	600 000.00	17%	102 000.00			
合计					¥600 000.00		¥102 000.00			
价税合计（大写）	⊗柒拾万贰仟元整						（小写）¥702 000.00			
销货单位	名　称：重庆致远机械制造股份有限公司 纳税人识别号：512233445566778 地址、电话：重庆市沙坪坝区歌乐山矿山坡 150 号 023-65506666 开户行及账号：中国工商银行沙坪坝支行 6222023100068898793								备注	

收款人：　　　　　　复核：田甜　　　　　开票人：谭娟　　　　销货单位：(章)

凭证 3-35-3

中国工商银行大额入账通知书

转账日期：2016 年 11 月 22 日

付款方户名：长江水利设备有限公司
付款人账号：6222023100085669878

付款方开户行：512233
收款方户名：重庆致远机械制造股份有限公司
收款人账号：6222023100068898793
收款方开户行：512255
入账日期：20161122　　　小写金额：702 000.00　　大写金额：柒拾万贰仟元整
制单日期：20161122　　　币种：人民币
发起行行号：512233
发起行名称：中国工商银行万州支行
接收行行号：512255
接收行名称：中国工商银行沙坪坝支行
附言：　　货款
支付交易序号：333333　　　　业务种类：汇兑—网银支付
交易种类：大额
打印日期：20161122　　　　打印柜员：8888　　　　页码：【1】

凭证 3-36-1

重庆市增值税专用发票

发票联

5115161112

No.56831612

开票日期：2016 年 11 月 25 日

购货单位	名　　　称：重庆致远机械制造股份有限公司 纳税人识别号：512233445566778 地址、电话：重庆市沙坪坝区歌乐山矿山破 150 号 023-65506666 开户行及账号：中国工商银行沙坪坝支行 6222023100068898793	密码区	（略）	第三联：发票联　购货方记账凭证
货物或应税劳务名称	规格型号	单位	数量	单价	金额	税率	税额	
机器修理费		次	1	20 000.00	20 000.00	17%	3 400.00	
合计					¥20 000.00		¥3 400.00	
价税合计（大写）	⊗贰万叁仟肆佰元整				（小写）¥23 400.00			
销货单位	名　　　称：重庆昌盛修理厂 纳税人识别号：510102201011921 地址、电话：重庆沙坪区大学城中路 66 号 023-69554545 开户银行及账号：中国工商银行大学城支行 62220225403554545	备注		

收款人：　　　　复核：刘华　　　　开票人：张友友　　　　销货单位：（章）

凭证 3-36-2

中国工商银行转账支票存根（渝）
20161110
附加信息
出票日期：2016 年 11 月 25 日
收款人：重庆昌盛修理厂
金　额：¥23 400.00
用　途：支付修理费
单位主管：李彬　　会计：谭娟

凭证 3-37-1

领 料 单

材料科目：原材料　　　　　　　　　　　　　　　　　　　　凭证编号：20161111
领料单位：基本生产车间　　　　　　　　　　　　　　　　　发料仓库：原料仓
材料用途：生产 B 产品　　　　2016 年 11 月 28 日

材料编号	材料名称	材料规格	计量单位	数量 请领	数量 实发	实际成本 单价	实际成本 金额
102	乙材料		千克	50	50		
104	丁材料		千克	500	500		
合计							

记账：　　　　　领料单位负责人：　　　　　领料人：王刚强　　　　　发料人：雷蕾

凭证 3-37-2

领 料 单

材料科目：原材料　　　　　　　　　　　　　　　　　　　　凭证编号：20161112
领料单位：基本生产车间　　　　　　　　　　　　　　　　　发料仓库：原料仓
材料用途：生产 A 产品　　　　2016 年 11 月 28 日

材料编号	材料名称	材料规格	计量单位	数量 请领	数量 实发	实际成本 单价	实际成本 金额
101	甲材料		千克	300	300		
103	丙材料		千克	350	350		
合计							

记账：　　　　　领料单位负责人：　　　　　领料人：王刚强　　　　　发料人：雷蕾

凭证 3-37-3

领 料 单

材料科目：原材料　　　　　　　　　　　　　　　　　　　　凭证编号：20161113
领料单位：运输车间　　　　　　　　　　　　　　　　　　　发料仓库：原料仓
材料用途：一般耗用　　　　2016 年 11 月 28 日

材料编号	材料名称	材料规格	计量单位	数量 请领	数量 实发	实际成本 单价	实际成本 金额
105	机物料		千克	150	150		
合计							

记账：　　　　　领料单位负责人：　　　　　领料人：王刚强　　　　　发料人：雷蕾

凭证 3-37-4

领 料 单

材料科目：原材料　　　　　　　　　　　　　　　　　　　　　凭证编号：20161114
领料单位：运输车间　　　　　　　　　　　　　　　　　　　　　发料仓库：原料仓
材料用途：劳动保护　　　　　　2016 年 11 月 28 日

材料编号	材料名称	材料规格	计量单位	数量 请领	数量 实发	实际成本 单价	实际成本 金额
302	工作服		件	20	20		
合计							

记账：　　　　领料单位负责人：　　　　领料人：王刚强　　　　发料人：雷蕾

凭证 3-37-5

领 料 单

材料科目：原材料　　　　　　　　　　　　　　　　　　　　　凭证编号：20161115
领料单位：基本生产车间　　　　　　　　　　　　　　　　　　　发料仓库：原料仓
材料用途：生产 A 产品　　　　　2016 年 11 月 28 日

材料编号	材料名称	材料规格	计量单位	数量 请领	数量 实发	实际成本 单价	实际成本 金额
105	机物料		千克	140	140		
301	木箱		个	400	400		
合计							

记账：　　　　领料单位负责人：　　　　领料人：王刚强　　　　发料人：雷蕾

凭证 3-37-6

领 料 单

材料科目：原材料　　　　　　　　　　　　　　　　　　　　　凭证编号：20161116
领料单位：基本生产车间　　　　　　　　　　　　　　　　　　　发料仓库：原料仓
材料用途：生产 B 产品　　　　　2016 年 11 月 28 日

材料编号	材料名称	材料规格	计量单位	数量 请领	数量 实发	实际成本 单价	实际成本 金额
105	机物料		千克	300	300		
301	木箱		个	400	400		
合计							

记账：　　　　领料单位负责人：　　　　领料人：王刚强　　　　发料人：雷蕾

凭证 3-37-7

领 料 单

材料科目：原材料　　　　　　　　　　　　　　　　　　　　凭证编号：20161117
领料单位：销售部门　　　　　　　　　　　　　　　　　　　　发料仓库：原料仓
材料用途：销售服务　　　　　2016 年 11 月 28 日

材料编号	材料名称	材料规格	计量单位	数量		实际成本	
				请领	实发	单价	金额
105	机物料		千克	100	100		
合计							

记账：　　　　　领料单位负责人：　　　　　领料人：王刚强　　　　　发料人：雷蕾

凭证 3-37-8

领 料 单

材料科目：原材料　　　　　　　　　　　　　　　　　　　　凭证编号：20161118
领料单位：行政管理部门　　　　　　　　　　　　　　　　　　发料仓库：原料仓
材料用途：一般耗用　　　　　2016 年 11 月 28 日

材料编号	材料名称	材料规格	计量单位	数量		实际成本	
				请领	实发	单价	金额
105	机物料		千克	100	100		
合计							

记账：　　　　　领料单位负责人：　　　　　领料人：王刚强　　　　　发料人：雷蕾

凭证 3-37-9

领 料 单

材料科目：周转材料　　　　　　　　　　　　　　　　　　　　凭证编号：20161119
领料单位：基本生产车间　　　　　　　　　　　　　　　　　　发料仓库：原料仓
材料用途：劳动保护　　　　　016 年 11 月 28 日

材料编号	材料名称	材料规格	计量单位	数量		实际成本	
				请领	实发	单价	金额
302	工作服		件	80	80		
合计							

记账：　　　　　领料单位负责人：　　　　　领料人：王刚强　　　　　发料人：雷蕾

项目三　2016年11月经济业务　　111

凭证3-37-10

领 料 单

材料科目:原材料　　　　　　　　　　　　　　　　　　　凭证编号:20161120
领料单位:基本生产车间　　　　　　　　　　　　　　　　发料仓库:原料仓
材料用途:一般耗用　　　　　2016年11月28日

材料编号	材料名称	材料规格	计量单位	数量 请领	数量 实发	实际成本 单价	实际成本 金额
106	戊材料		千克	100	100		
合计							

记账:　　　　领料单位负责人:　　　　领料人:王刚强　　　　发料人:雷蕾

凭证3-38-1

收 据

NO. 00243117

日期:2016年11月29日

交款单位　重庆致远机械制造股份有限公司　　　收款方式:转账支票

人民币(大写)贰万元整　　　　　　　　　　　　小写:¥20 000.00

收款事由:系预付货款

（重庆前进公司财务专用章）

2016年11月29日

第二联　交付款单位

单位盖章:　　会计主管:李彬　　记账:　　出纳:王丽　　审核:谭娟　　经办:

凭证3-38-2

中国工商银行转账支票存根(渝)

10161111

附加信息

出票日期:2016年11月29日

收款人:重庆前进公司

金　额:¥20 000.00

用　途:预付货款

单位主管:李彬　　会计:谭娟

凭证 3-39-1

坏账确认算单

2016 年 11 月 30 日

对方单位名称	坏账确认原因	坏账确认金额
重庆鼎盛科技有限公司	重庆鼎盛科技有限公司破产	￥20 000.00

复核：　　　　　　　　　　　　　　制单：

凭证 3-40-1

重庆市增值税专用发票

发票联

5115161113　　　　　　　　　　　　　　　　　　　　　　No.56831613

开票日期：2016 年 11 月 30 日

购货单位	名称：重庆致远机械制造股份有限公司 纳税人识别号：512233445566778 地址、电话：重庆市沙坪坝区歌乐山矿山坡 150 号 023-65506666 开户行及账号：中国工商银行沙坪坝支行 6222023100068898793	密码区	（略）	第三联：发票联 购货方记账凭证
货物或应税劳务名称	规格型号	单位	数量	单价	金额	税率	税额
基础电信服务		次	1	5 000.00	5 000.00	11%	550.00
合计					￥5 000.00		￥550.00
价税合计（大写）	⊗伍仟伍佰伍拾元整					（小写）￥5 550.00
销货单位	名称：中国电信股份有限公司重庆分公司 纳税人识别号：500303764131713 地址、电话：重庆沙坪区三峡路 152 号 023-64131713 开户银行及账号：中国工商银行三峡路分理处 6222022546413713			备注	全部属于行政管理部门使用

收款人：　　　　复核：　　　　开票人：于静（工号：746890）　　　　销货单位：(章)

凭证 3-40-2

委托收款结算凭证（贷方凭证）

日期：2016 年 11 月 30 日　　　　　　　　　　　　　第 1611089 号

付款人	全称	重庆致远机械制造股份有限公司	收款人	全称	中国电信股份有限公司重庆分公司
	账号	6222023100068898793		账号	6222022546413713
	开户银行	中国工商银行沙坪坝支行		开户银行	中国工商银行三峡路分理处
委托金额	人民币（大写）⊗伍仟伍佰伍拾元整				千 百 十 万 千 百 十 元 角 分 　　　　　￥ 5 5 5 0 0 0
合同号	SS16011103		款项内容	电话费	附寄单证张数	

凭证 3-41-1

开具红字增值税专用发票通知单（第三联）

填开日期：2016 年 11 月 30 日　　　　　　　　　　　　　　　　NO. 2106950902004776

销售方	名称	重庆致远机械制造股份有限公司	购买方	名称	成都普瑞思机床有限公司
	税务登记代码	512233445566778		税务登记代码	62458700892332514

开具红字发票内容	货物（或劳务）名称	数量	单价	金额	税率	税额
	B产品	－20	3 500.00	－70 000.00	17%	－11 900.00
	合计			¥－70 000.00		¥－11 900.00

说明：	需要作进项税额转出□ 不需要作进项税额转出□ 纳税人识别号认证不符□ 专用发票代码、号码认证不符□ 对应蓝字专用发票密码区内打印的代码： 　　　　　　　　　　　　　　号码： 开具红字专用发票理由：产品质量有问题，销货方已认可，退货。

注：1. 本通知一式三联：第一联，购买方主管税务机关留存；第二联，购买方送交销售方留存；第三联，购买方留存。2. 通知单应与申请单意义对应。
3. 销售方应该在开具红字专用发票后到主管税务机关进行核销。

经办人：　　　　　　负责人：　　　　　　　　主管税务机关名称（印章）：

凭证 3-41-2

重庆市增值税专用发票

记账联

5400161105　　　　　　　　　　　　　　　　　　　　　　　　　No. 24571105
　　　　　　　　　　　　　　　　　　　　　　　　　　　　开票日期：2016 年 11 月 30 日

购货单位	名　　称：成都普瑞思机床有限公司 纳税人识别号：62458700892332514 地址、电话：成都市高新区（西区）天勤西街 79 号 028-66608862 开户行及账号：中国工商银行高新区支行　6228028100086455001	密码区	（略）	第一联：记账联　销货方记账凭证

货物或应税劳务名称	规格型号	单位	数量	单价	金额	税率	税额
B产品		台	－20	3 500.00	－70 000.00	17%	－11 900.00
合计					－70 000.00		¥－11 900.00

价税合计（大写）	（负数）⊗ 人民币捌万壹仟玖佰元整	（小写）¥－81 900.00

销货单位	名　　称：重庆致远机械制造股份有限公司 纳税人识别号：5122334455667788 地址、电话：重庆市沙坪坝区歌乐山矿山坡 150 号 023-65506666 开户行及账号：中国工商银行沙坪坝支行 6222023100068898793	备注	此商品系 2016 年 10 月销售，此联为红字发票

收款人：　　　　复核：田甜　　　　开票人：谭娟　　　　销货单位：（章）

凭证 3-41-3

中国工商银行　电汇凭证(回单)

委托日期：2016年11月30日　　　　　　　　　　　　　第 099 号

汇款人	全称	重庆致远机械制造股份有限公司	收款人	全称	成都普瑞思机床有限公司
	账号	6222023100068898793		账号	6228028100086455001
	汇出行名称	中国工商银行沙坪坝支行		汇入行名称	中国工商银行高新区支行

金额	人民币（大写）⊗捌万壹仟玖佰元整	千	百	十	万	千	百	十	元	角	分
					¥ 8	1	9	0	0	0	0

支付密码

附加信息及用途　退还货款

汇款行签章　　　　　　　　　　　复核　　　　　记账

凭证 3-41-4

入库单

2016年11月30日

单位名称：重庆大众机械有限公司　　　　　　　　　　编号：20161104

名称	规格	计量单位	数量	单位成本	总成本	备注
B产品		台	20	2 000	40 000.00	经查，B产品的成本为2 000元/台
合　计					40 000.00	

销售部门负责人：　　　　发货人：　　　　提货人：　　　　制单：

凭证 3-42-1

重庆某会计师事务所文件

重庆致远机械制造股份有限公司【2016】　字第 178 号

　　我单位接受贵单位委托，依据《中华人民共和国国有资产评估办法》、《中华人民共和国注册会计师法》和《企业会计准则》等的相关规定，对贵公司接受重庆鑫龙股份有限公司投资的土地使用权进行评估。该土地使用权账面价值240万元，按现行市价确定价值为240万元。

　　评估员：张立

　　中国注册会计师：赵宏　　　赵宏

　　　　　　　　　　　　　　　　　　　　　　重庆某会计师事务所
　　　　　　　　　　　　　　　　　　　　　　2016年11月30日

　　注：该土地使用权预计使用寿命为20年。

凭证 3-42-2

无形资产入股协议书

甲方：重庆致远机械制造股份有限公司
地址：重庆市沙坪坝区歌乐山矿山坡150号
联系电话：023-65506666
乙方：重庆鑫龙股份有限公司
地址：重庆市北部新区鸳鸯街道37号
联系电话：023-68898799
　　双方本着互利互惠、共同发展的原则，经充分协商，接受A公司土地使用权投资，双方协商该土地使用权作价240万元，特订立本协议。
以下省略……

备注：其他资料如产权变更手续略。

凭证 3-43-1

费用报销单

报销部门：　　　　2016年11月29日　　　　单据及附件共1页

用　途	金　额（元）	备注	领导审批	同意报销
招待费	1 500.00			
	现金付讫			
合　计	1 500.00			

金额大写：⊗壹仟伍佰元整　　　　原借款：　　元　　应退余款：　　元

会计主管：李彬　　复核：　　　出纳：王丽　　报销人：谭娟　　领款人：谭娟

凭证 3-43-2

重庆市国家税务局通用机打发票
发票联

发票代码：150001620410
发票号码：37820723
机打号码：37820723　　机器编号：661601498455
销售方名称：重庆奇火锅快乐餐饮有限公司
纳税识别号：500103561626667
开票日期：2016-11-28　　收款员：周瑜
购买方名称：重庆致远机械制造股份有限公司
纳税识别号：512233445566778

项目	单价	数量	金额
餐费	1 500.00	1	1 500.00

金额合计：（小写）¥1 500.00
合计金额：（大写）⊗壹仟伍佰元整

凭证 3-44-1

浙江省增值税普通发票

发票联

3112152262　　　　　　　　　　　　　　　　　　　　　No.34578989

开票日期：2016 年 11 月 29 日

购货单位	名　称：重庆致远机械制造股份有限公司 纳税人识别号：5122334455667788 地址、电话：重庆市沙坪坝区歌乐山矿山坡 150 号 023-65506666 开户行及账号：中国工商银行沙坪坝支行 6222023100068898793						密码区	（略）	
货物或应税劳务名称	规格型号	单位	数量	单价	金额		税率	税额	
专用工具		个	1 000	6.00	6 000.00		17%	1 020.00	
合计					￥6 000.00			￥1 020.00	
价税合计（大写）	⊗柒仁零贰拾元整							（小写）￥7 020.00	
销货单位	名　称：浙江省天翔科技有限公司 纳税人识别号：987102345611223 地址、电话：杭州市莫干山路 77 号金汇大厦北门 0571-88383388 开户银行及账号：中国工商银行杭州莫干山路支行 62205710005887338						备注		

收款人：田亮亮　　　　复核：张芬一　　　　开票人：王丹　　　　销货单位：（章）

凭证 3-44-2

中国工商银行　电汇凭证（回单）

委托日期：2016 年 11 月 30 日　　　　　　　　　　　　　　　　第 111 号

汇款人	全称	重庆致远机械制造股份有限公司	收款人	全　称	浙江省天翔科技有限公司								
	账号	6222023100068898793		账号	62205710005887338								
	汇出行名称	中国工商银行沙坪坝支行		汇入行名称	中国工商银行杭州莫干山路支行								
金额	人民币 （大写）⊗柒仁零贰拾元整 ||		千	百	十	万	千	百	十	元	角	分
	||					￥	7	0	2	0	0	0
	|| 支付密码											
	|| 附加信息及用途　购专用工具											
	|| 汇款行签章　　　　　　　　　　　　　　复核　　　　　　　　记账											

凭证 3-45-1

重庆西南证券登记结算凭证

11/30/16　　　　　　　　　　成交过户交割单　　　　　　　　　　　　　　　卖

股东编号	B143569775	成交证券	股票 600036
电脑编号	12308	成交数量	20 000
公司名称	重庆致远机械制造股份有限公司	成交价格	11.10
申报编号	216	成交金额	222 000.00
申报时间	9:45	佣金	222.00
成交时间	10:00	过户费	5.00
上次余额	20 000(股)	印花税	444.00
本次成交	20 000(股)	应付金额	
本次余额	0(股)	附加费用	
本次库存	0(股)	实收金额	221 329.00

备注：划分为交易性金融资产，成本价为 10 元/股，公允价值变动为借方 10 000 元。该款项已划入专户。

经办单位：(盖章)　　　　　　　　　　　　　　　　　　　　　客户签章：王明伟

凭证 3-46-1

现金盘点报告单

单位名称：重庆致远机械制造股份有限公司　　2016 年 11 月 30 日　　　　　　　　单位：元

| 实存金额 | 账存金额 | 实存与账存对比 || 备注 |
		溢余	短缺	
900	1 000		100	原因待查

盘点人：　　　　　　　　　　　　　　　　　　　　　　　出纳员：王丽

凭证 3-47-1

财产清查盘亏(盈)处理通知单

　　现金清查中发现现金短缺 100 元，今审查确认，是由于出纳员王丽工作失职造成，由王丽负责赔偿。

总经理：王大明　　　　　　　　　　　　　　　　　　　财务经理：刘子松
2016 年 11 月 30 日　　　　　　　　　　　　　　　　　2016 年 11 月 30 日

凭证 3-48-1

收 据

NO. 00245003

日期:2016 年 11 月 30 日

| 交款单位 | 王丽 | 收款方式 | 现金 |

人民币(大写)⊗壹佰元整　　　　　　　　　　小写:¥100.00

收款事由:系现金短款赔偿款

2016 年 11 月 30 日

单位盖章:　　　　会计主管:李彬　　　记账:　　　　出纳:王丽　　　审核:谭娟　　　经办:

凭证 3-49-1

工资结算汇总表

日期:2016 年 11 月 30 日

部门	基本工资	奖金	岗位津贴	应付工资	代扣款	实发工资
生产部(A)	164 900.00	45 100.00	30 000.00	240 000.00		
生产部(B)	147 100.00	50 000.00	22 900.00	220 000.00		
车间管理人员	24 000.00	3 000.00	13 000.00	40 000.00		
辅助车间(运输)	16 000.00	5 000.00	6 000.00	27 000.00		
行政管理部门	43 000.00	3 000.00	4 000.00	50 000.00		
专设销售机构	10 000.00	8 000.00	2 000.00	20 000.00		
在建工程人员(厂房)	21 000.00	4 900.00	4 100.00	30 000.00		
研发人员(D 专利)	18 000.00	7 700.00	4 300.00	30 000.00		
合计	444 000.00	126 700.00	86 300.00	657 000.00		

复核:　　　　　　　　　　　　　　　　　　制表:

凭证 3-50-1

个人负担的社会保险、住房公积金计算表

2016 年 11 月 30 日

部门		计提标准	养老保险(8%)	医疗保险(2%)	失业保险(0.5%)	住房公积金(计提比例 12%)	合计
基本生产车间	A 产品	240 000.00					
	B 产品	220 000.00					
车间管理人员		40 000.00					
辅助生产车间(运输)		27 000.00					
厂部管理人员		50 000.00					
专设销售机构		20 000.00					
在建工程人员——厂房		30 000.00					
研发人员——D 专利		30 000.00					
合计		657 000.00					

财务主管:　　　　　　复核:　　　　　　　　制单:

凭证 3-51-1

企业负担的社会保险、住房公积金计算表

2016年11月30日

部门		计提标准	养老保险 (19%)	医疗保险 (9%)	失业保险 (0.5%)	工伤保险 (0.5%)	生育保险 (0.5%)	住房公积金 (计提比例 12%)	合计
基本生产车间	A产品	240 000.00							
	B产品	220 000.00							
车间管理人员		40 000.00							
辅助生产车间（运输）		27 000.00							
厂部管理人员		50 000.00							
专设销售机构		20 000.00							
在建工程人员——厂房		30 000.00							
研发人员——D专利		30 000.00							
合计		657 000.00							

财务主管：　　　　　　复核：　　　　　　制单：

制作材料领用汇总表

凭证 3-52-1

项目	甲材料 数量	甲材料 金额	乙材料 数量	乙材料 金额	丙材料 数量	丙材料 金额	丁材料 数量	丁材料 金额	机物料 数量	机物料 金额	皮产品 数量	皮产品 金额	包装物（木箱）数量	包装物（木箱）金额	低值易耗品（工作服）数量	低值易耗品（工作服）金额	低值易耗品（专用工具）数量	低值易耗品（专用工具）金额	金额合计
生产 A 产品																			
生产 B 产品																			
车间领用																			
运输部门																			
管理部门																			
销售部门																			
销售																			
合计																			

凭证 3-53-1

无形资产摊销计算表

单位:重庆致远机械制造股份有限公司　　　　2016 年 11 月 30 日

无形资产名称	无形资产原值	已摊销金额	本期摊销额	无形资产净值
合计				

财务经理:　　　　　　经办人:　　　　　　制单:

凭证 3-54-1

固定资产折旧计算表

日期:2016 年 11 月 30 日

使用部门	固定资产类别	月初应计提固定资产原值	月折旧率	月折旧额
基本生产车间	房屋及建筑物			
	机器设备			
	运输设备			
	其他			
	小计			
运输车间	房屋及建筑物			
	机器设备			
	运输设备			
	其他			
	小计			
行政管理部门	房屋及建筑物			
	机器设备			
	运输设备			
	其他			
	小计			
销售部门	房屋及建筑物			
	机器设备			
	运输设备			
	其他			
	小计			
合计				

凭证 3-55-1　归集、分配辅助生产成本

辅助生产车间供应劳务数量汇总表

2016 年 11 月

受益部门		运输（公里）
基本生产车间	生产产品 A	120 公里
	生产产品 B	80 公里
车间一般耗用		400 公里
行政管理部门		80 公里
专设销售机构		320 公里
合计		1 000 公里

主管：　　　　　　　　审核：　　　　　　　　制表：

凭证 3-55-2

辅助生产费用分配表

日期：2016 年 11 月 30 日

受益部门		运输车间		
		受益数量	单位成本	分配金额
基本生产车间	生产产品 A	120 公里		
	生产产品 B	80 公里		
车间一般耗用		400 公里		
行政管理部门		80 公里		
专设销售机构		320 公里		
合计		1 000 公里		

凭证 3-56-1　归集、分配结转制造费用

制造费用分配表

日期：2016 年 11 月 30 日

项目	生产工时	分配率	分配金额

备注：分配率保留 4 位小数

凭证 3-57-1　结转本月完工产品成本

产品成本计算单

2016 年 11 月

产品名称：A 产品　　　　　　　　　　　　　　　　　　　　　　　　　完工数量：

在产品数量：

成本项目	产量（台）	直接材料	工时（小时）	直接人工	制造费用	辅助生产成本	合计
本月发生生产费用							
本月完工产品成本							
完工产品的单位成本							

凭证 3-57-2

产品成本计算单

2016 年 11 月

产品名称：B 产品　　　　　　　　　　　　　　　　　　　　　　　　　完工数量：

在产品数量：

成本项目	产量（台）	直接材料	工时（小时）	直接人工	制造费用	辅助生产成本	合计
本月发生生产费用							
分配率							
完工产品成本							
完工产品的单位成本							
月末在产品成本							

凭证 3-57-3

本月投入本月完工产品入库汇总表

日期：2016 年 11 月 30 日

产品名称	计量单位	交库数量	总成本	单位成本
A 产品	台			
B 产品	台			
合计	台			

备注：该批完工产品全部系本月投入，本月 A 产品全部完工；B 产品本月投入 320 台，完工 200 台，120 台尚未完工，完工产品用 160 小时，在产品用 40 小时。

凭证 3-58-1　结转本月已售产品成本

已售产品成本计算表

年　月　　　　　　　　　　　　　　　　　　　　　　单位:元

产品名称	月初结存			本月入库			本月销售		
	数量	单位成本	总成本	数量	单位成本	总成本	数量	单位成本	总成本
A产品									
B产品									
合　计									

主管:　　　　　　　　　　审核:　　　　　　　　　　制表:

凭证 3-59-1　结转本月未交增值税

应交增值税计算表

名称:重庆致远机械制造股份有限公司　　　年　月　日

项目	栏次	金额
本期销项税额	1	
本期进项税额	2	
本期进项税额转出	3	
本期应抵扣的税额	4＝2－3	
本期应纳税额(或尚未抵扣金额)	5	
	6	
转出应交未交增值税额	7＝5	

财务主管:　　　　　　　　复核:　　　　　　　　　制单:

凭证 3-60-1　计提城建税和教育费附加

城市维护建设税及教育费附加计算表

年　月　日　　　　　　　　　　　　　　　　　　单位:元

项目	计税依据	计提比例	计税金额
城市维护建设税		7％	
教育费附加		3％	
合　计			

　　　　　　　　　　　　　　　　　　　　　　　制单:

凭证 3-61-1　计提短期借款和长期借款利息

借款利息计算表

年　月　日　　　　　　　　　　　　　　　　　　　　　单位:元

借款项目	计息期间	借款本金	借款利率	本月借款利息
合计				

凭证 3-62-1

利润总额计算表

年　月　日

本月损益类项目(益)1		本月损益类项目(损)2	
科目名称	本月发生额	科目名称	本月发生额
合计		合计	

本月利润总额＝1－2＝

复核:　　　　　　　　　　　　　　　　　　　　　　　　　　　　　　制表:

二、2016年11月填报资料

附表3-1

资产负债表
（适用执行企业会计准则的一般企业）

纳税人识别号：　　　　　　　　　　　　　　　　　　　　　　　　　　　　　　会企01表

纳税人名称：　　　　　　　　　　___年___月___日　　　　　　　　　　　　　单位：元

资　　产	期末余额	年初余额	负债和所有者权益（或股东权益）	期末余额	年初余额
流动资产：			流动负债：		
货币资金			短期借款		
交易性金融资产			交易性金融负债		
应收票据			应付票据		
应收账款			应付账款		
预付款项			预收款项		
应收利息			应付职工薪酬		
应收股利			应交税费		
其他应收款			应付利息		
存货			应付股利		
一年内到期的非流动资产			其他应付款		
其他流动资产			一年内到期的非流动负债		
流动资产合计			其他流动负债		
非流动资产：			流动负债合计		
可供出售金融资产			非流动负债：		
持有至到期投资			长期借款		
长期应收款			应付债券		
长期股权投资			长期应付款		
投资性房地产			专项应付款		
固定资产			预计负债		
在建工程			递延所得税负债		
工程物资			其他非流动负债		
固定资产清理			非流动负债合计		
生产性生物资产			负债合计		
油气资产			所有者权益（或股东权益）：		
无形资产			实收资本（或股本）		
开发支出			资本公积		
商誉			减：库存股		
长摊待摊费用			盈余公积		
递延所得税资产			未分配利润		
其他非流动资产			所有者权益（或股东权益）合计		
非流动资产合计					
资产总计			负债和所有者权益（或股东权益）总计		

附表 3－2

利润表
(适用执行企业会计准则的一般企业)

纳税人识别号：　　　　　　　　　　　　　　　　　　　　　　　　　　会企 02 表

纳税人名称：　　　　　　___年___月　　　　　　　　　　　　　　单位:元

项　　目	本期金额	上期金额
一、营业收入		
减:营业成本		
税金及附加		
销售费用		
管理费用		
财务费用		
资产减值损失		
加:公允价值变动收益(损失以"－"号填列)		
投资收益(损失以"－"号填列)		
其中:对联营企业和合营企业的投资收益		
二、营业利润(亏损以"－"号填列)		
加:营业外收入		
减:营业外支出		
其中:非流动资产处置损失		
三、利润总额(亏损总额以"－"号填列)		
减:所得税费用		
四、净利润(净亏损以"－"号填列)		
五、每股收益：		
(一)基本每股收益		
(二)稀释每股收益		

附表 3-3

现金流量表
(适用执行企业会计准则的一般企业)

纳税人识别号：　　　　　　　　　　　　　　　　　　　　　　　　　　　会企 03 表
编制单位：　　　　　　　　　　　　　　年　　月　　　　　　　　　　　　单位：元

项　　　目	本期金额	上期金额
一、经营活动产生的现金流量：		
销售商品、提供劳务收到的现金		
收到的税费返还		
收到其他与经营活动有关的现金		
经营活动现金流入小计		
购买商品、接受劳务支付的现金		
支付给职工以及为职工支付的现金		
支付的各项税费		
支付其他与经营活动有关的现金		
经营活动现金流出小计		
经营活动产生的现金流量净额		
二、投资活动产生的现金流量：		
收回投资收到的现金		
取得投资收益收到的现金		
处置固定资产、无形资产和其他长期资产收回的现金净额		
处置子公司及其他营业单位收到的现金净额		
收到其他与投资活动有关的现金		
投资活动现金流入小计		
购建固定资产、无形资产和其他长期资产支付的现金		
投资支付的现金		
取得子公司及其他营业单位支付的现金净额		
支付其他与投资活动有关的现金		
投资活动现金流出小计		
投资活动产生的现金流量净额		
三、筹资活动产生的现金流量：		
吸收投资收到的现金		
取得借款收到的现金		
收到其他与筹资活动有关的现金		
筹资活动现金流入小计		
偿还债务支付的现金		
分配股利、利润或偿付利息支付的现金		
支付其他与筹资活动有关的现金		
筹资活动现金流出小计		
筹资活动产生的现金流量净额		
四、汇率变动对现金及现金等价物的影响		
五、现金及现金等价物净增加额		
加：期初现金及现金等价物余额		
六、期末现金及现金等价物余额		

附表 3－4

应交税费——应交增值税明细账

会计科目及编号：应交税费
明细科目：应交增值税

| 日期 | 凭证号数 | 摘要 | 借方 ||| 贷方 ||| 借或贷 | 余额 |
			进项税额	转出未交增值税	小计	销项税额	进项转出	转出多交增值税		

附表 3-5-1

增值税纳税申报表

（适用于增值税一般纳税人）

根据国家税收法律法规及增值税相关规定制定本表。纳税人不论有无销售额，均应按税务机关核定的纳税期限填报本表，并向当地税务机关申报。

税款所属时间：自　年　月　日至　年　月　日　　填表日期：　年　月　日

金额单位：元至角分

纳税人识别号													所属行业：	
纳税人名称	（公章）			法定代表人姓名			注册地址						生产营业地址	
开户银行及帐号				登记注册类型									电话号码	

	项　目	栏次	一般项目		即征即退项目	
			本月数	本年累计	本月数	本年累计
销售额	（一）按适用税率计税销售额	1				
	其中：应税货物销售额	2			—	—
	应税劳务销售额	3			—	—
	纳税检查调整的销售额	4				
	（二）按简易征收办法征税销售额	5				
	其中：纳税检查调整的销售额	6			—	—
	（三）免、抵、退办法出口销售额	7				
	（四）免税销售额	8				
	其中：免税货物销售额	9			—	—
	免税劳务销售额	10			—	—
税款计算	销项税额	11				
	进项税额	12				
	上期留抵税额	13				
	进项税额转出	14				
	免、抵、退应退税额	15			—	—
	按适用税率计算的纳税检查应补缴税额	16			—	—
	应抵扣税额合计	17＝12＋13－14－15＋16			—	—
	实际抵扣税额	18（如17＜11，则为17，否则为11）				—
	应纳税额	19＝11－18				
	期末留抵税额	20＝17－18				—

(续表)

	项 目	栏次	一般项目 本月数	一般项目 本年累计	即征即退项目 本月数	即征即退项目 本年累计
税款缴纳	简易征收办法计算的应纳税额	21				
	按简易征收办法计算的纳税检查应补缴税额	22		—		—
	应纳税额减征额	23				
	应纳税额合计	24＝19＋21－23				
	期初未缴税额（多缴为负数）	25		—		—
	实收出口开具专用缴款书退税额	26		—		—
	本期已缴税额	27＝28＋29＋30＋31		—		—
	① 分次预缴税额	28		—		—
	② 出口开具专用缴款书预缴税额	29		—		—
	③ 本期缴纳上期应纳税额	30		—		—
	④ 本期缴纳欠缴税额	31		—		—
	期末未缴税额（多缴为负数）	32＝24＋25＋26－27				
	其中：欠缴税额（≥0）	33＝25＋26－27				
	本期应补（退）税额	34＝24－28－29		—		—
	即征即退实际退税额	35		—		
	期初未缴查补税额	36		—	—	—
	本期入库查补税额	37		—	—	—
	期末未缴查补税额	38＝16＋22＋36－37		—	—	—

授权声明	如果你已委托代理人申报，请填写下列资料： 为代理一切税务事宜，现授权 （地址）　　　　　为本纳税人的代理申报人，任何与本申报表有关的往来文件，都可寄予此人。 授权人签字：	申报人声明	此纳税申报表是根据国家税收法律法规的规定填报的，我确定它是真实的、可靠的、完整的。 声明人签字：

以下由税务机关填写：
收到日期：　　　　　　接收人：　　　　　主管税务机关盖章：

附表3-5-2

增值税纳税申报表附列资料（一）
（本期销售情况明细）

税款所属时间： 年 月 日至 年 月 日

纳税人名称：（公章）　　　　　　　　　　　　　　　　　　　　　　　金额单位：元至角分

项目及栏次			开具增值税专用发票		开具其他发票		未开具发票		纳税检查调整		合计			服务、不动产和无形资产扣除项目本期实际扣除金额	扣除后	
			销售额	销项(应纳)税额	销售额	销项(应纳)税额	销售额	销项(应纳)税额	销售额	销项(应纳)税额	销售额	销项(应纳)税额	价税合计		含税(免税)销售额	销项(应纳)税额
			1	2	3	4	5	6	7	8	9=1+3+5+7	10=2+4+6+8	11=9+10	12	13=11-12	14=13÷(100%+税率或征收率)×税率或征收率
一、一般计税方法计税	全部征税项目	17%税率的货物及加工修理修配劳务	1													
		17%税率的服务、不动产和无形资产	2													
		13%税率	3													
		11%税率	4													
		6%税率	5													
	其中：即征即退项目	即征即退货物及加工修理修配劳务	6							—	—				—	—
		即征即退服务、不动产和无形资产	7							—	—				—	—
二、简易计税方法计税	全部征税项目	6%征收率	8													
		5%征收率的货物及加工修理修配劳务	9a													

项目三　2016年11月经济业务　　153

项目三 2016年11月经济业务

(续表)

二、简易计税方法计税	5%征收率的服务、不动产和无形资产	9b				—			—			—
	4%征收率	10			—				—			—
	3%征收率的货物及加工修理修配劳务	11			—				—			—
	3%征收率的服务、不动产和无形资产	12			—				—			—
	预征率 %	13a					—					
	预征率 %	13b					—					
	预征率 %	13c					—					
其中：即征即退项目	即征即退货物及加工修理修配劳务	14			—	—	—					
	即征即退服务、不动产和无形资产	15			—	—	—					
三、免抵退税	货物及加工修理修配劳务	16			—	—	—	—				
	服务、不动产和无形资产	17			—	—	—	—				—
四、免税	货物及加工修理修配劳务	18			—	—	—	—				—
	服务、不动产和无形资产	19			—	—	—	—				—

附表 3-5-3

增值税纳税申报表附列资料(二)
（本期进项税额明细）

税款所属时间：　　年　月　日至　　年　月　日

纳税人名称：(公章)　　　　　　　　　　　　　　　　　　　　金额单位:元至角分

一、申报抵扣的进项税额				
项目	栏次	份数	金额	税额
（一）认证相符的增值税专用发票	1＝2＋3			
其中:本期认证相符且本期申报抵扣	2			
前期认证相符且本期申报抵扣	3			
（二）其他扣税凭证	4＝5＋6＋7＋8			
其中:海关进口增值税专用缴款书	5			
农产品收购发票或者销售发票	6			
代扣代缴税收缴款凭证	7		—	
其他	8			
（三）本期用于购建不动产的扣税凭证	9			
（四）本期不动产允许抵扣进项税额	10		—	
（五）外贸企业进项税额抵扣证明	11		—	—
当期申报抵扣进项税额合计	12＝1＋4－9＋10＋11			
二、进项税额转出额				
项目	栏次	税额		
本期进项税额转出额	13＝14 至 23 之和			
其中:免税项目用	14			
集体福利、个人消费	15			
非正常损失	16			
简易计税方法征税项目用	17			
免抵退税办法不得抵扣的进项税额	18			
纳税检查调减进项税额	19			
红字专用发票信息表注明的进项税额	20			
上期留抵税额抵减欠税	21			
上期留抵税额退税	22			
其他应作进项税额转出的情形	23			

（续表）

三、待抵扣进项税额					
项目	栏次	份数	金额	税额
（一）认证相符的增值税专用发票	24	—	—	—
期初已认证相符但未申报抵扣	25			
本期认证相符且本期未申报抵扣	26			
期末已认证相符但未申报抵扣	27			
其中:按照税法规定不允许抵扣	28			
（二）其他扣税凭证	29＝30至33之和			
其中:海关进口增值税专用缴款书	30			
农产品收购发票或者销售发票	31			
代扣代缴税收缴款凭证	32		—	
其他	33			
	34			

四、其他					
项目	栏次	份数	金额	税额
本期认证相符的增值税专用发票	35			
代扣代缴税额	36	—	—	

附表 3-5-4

增值税纳税申报表附列资料（三）
（服务、不动产和无形资产扣除项目明细）

税款所属时间： 年 月 日 至 年 月 日

纳税人名称：（公章） 金额单位：元至角分

项目及栏次		本期服务、不动产和无形资产价税合计额（免税销售额）	服务、不动产和无形资产扣除项目				
			期初余额	本期发生额	本期应扣除金额	本期实际扣除金额	期末余额
		1	2	3	4＝2＋3	5(5≤1且5≤4)	6＝4－5
17%税率的项目	1						
11%税率的项目	2						
6%税率的项目（不含金融商品转让）	3						
6%税率的金融商品转让项目	4						
5%征收率的项目	5						
3%征收率的项目	6						
免抵退税的项目	7						
免税的项目	8						

附表 3-5-5

固定资产（不含不动产）进项税额抵扣情况表

纳税人名称（公章）： 填表日期： 年 月 日 金额单位：元至角分

项目	当期申报抵扣的固定资产进项税额	申报抵扣的固定资产进项税额累计
增值税专用发票		
海关进口增值税专用缴款书		
合　　计		

项目三 2016年11月经济业务 163

附表3-6

综合纳税申报表

填表日期： 年 月 日 金额单位：元至角分

纳税人顺序号				纳税人名称（公章）				联系电话		
税 种	税目（品目）	纳税项目	税款所属时期	计税依据（金额或数量）	税率	当期应纳税额	应减免税	应纳税额	已纳税额	延期缴纳税额	累计欠税余额
1	2	3	4	5	6	7=5×6	8	9=7-8	10	11	12
合 计											

纳税人申明	授权人申明	代理人申明
本纳税申报表是按照国家税法和税收规定填报的，我确信它是真实的、合法的。如有虚假，愿负法律责任。以上税款请从____帐号划拨。 法定代表人签章： 财务主管签章： 经办人签章： 年 月 日	我单位（公司）现授权____为本纳税人的代理申报人，其法定代表人____电话____；任何与申报有关的任来文件都可寄与此代理机构。 委托代理人（法定代表人）签章： 授权人（法定代表人）签章： 年 月 日	本纳税申报表是按照国家税法和税收规定填报的，我确信它是真实的。如有不实，法定代表人签章： 代理人签章： 年 月 日

以下由税务机关填写

收到日期	接收人	审核日期	主管税务机关盖章
审核记录			

项目四　2016年12月经济业务

一、2016年12月经济业务的原始凭证

凭证4-1-1

收　料　单

收料仓库：原料仓　　　　2016年12月1日　　　　　　　　　收字20161201号

材料编号	材料名称	单位	数量		实际价格				实际单价
			应收	实收	买价	运杂费	其他	合计	
101	甲材料	千克	3 000	3 000					
102	乙材料	千克	2 500	2 500					
合计									

制单：马立伟　　　　　验收：齐建　　　　　验收日期：2016年12月1日

凭证4-2-1

重庆市增值税专用发票
发票联

5112161201　　　　　　　　　　　　　　　　　　　　　　　No.34131201

开票日期：2016年12月1日

购货单位	名　　称：重庆致远机械制造股份有限公司 纳税人识别号：512233445566778 地址、电话：重庆市沙坪坝区歌乐山矿山坡150号 023-65506666 开户行及账号：中国工商银行沙坪坝支行 6222023100068898793	密码区	（略）
货物或应税劳务名称	规格型号　单位　数量　单价　　金额　　税率　　税额		
丙材料 丁材料	千克　1 550　12.00　18 600.00　17％　3 162.00 　　　　　千克　　500　62.00　31 000.00　17％　5 270.00		
合计	￥49 600.00　　　￥8 432.00		
价税合计（大写）	⊗伍万捌仟零叁拾贰元整　　　　　（小写）￥58 032.00		
销货单位	名　　称：重庆前进公司 纳税人识别号：501023456112232 地址、电话：重庆市江北区建兴东路29号 023-569541818 开户银行及账号：中国工商银行江北支行 6222023100058888888	备注	余款未付

收款人：李笑　　　复核：杨芳　　　开票人：张健　　　销货单位：（章）

凭证 4-2-2

重庆市增值税专用发票

5112161202　　　　　　　　发票联　　　　　　　　　　　　　　　No. 34131202

开票日期：2016 年 12 月 1 日

购货单位	名　　称：重庆致远机械制造股份有限公司 纳税人识别号：512233445566778 地址、电话：重庆市沙坪坝区歌乐山矿山坡 150 号 023-65506666 开户行及账号：中国工商银行沙坪坝支行 6222023100068898793						密码区	（略）
货物或应税劳务名称	规格型号	单位	数量	单价	金额	税率	税额	
丙材料运费			1 550	2.00	3 100.00	11%	341.00	
丁材料运费			500	2.00	1 000.00	11%	110.00	
合计					￥4 100.00		￥451.00	
价税合计（大写）	⊗肆仟伍佰伍拾壹元整					（小写）￥4 551.00		
销货单位	名　　称：重庆市迅速运输有限公司 纳税人识别号：500000310007895 地址、电话：重庆市江北区海尔路 230 号 023-67348116 开户银行及账号：中国工商银行南坪支行 6222023100067348116						备注	款未付

第三联：发票联　购货方记账凭证

收款人：　　　　　　　复核：杨江　　　　　　　开票人：唐红梅　　　　　　　销货单位：（章）

凭证 4-2-3

收　料　单

收料仓库：原料仓　　　　　　　2016 年 12 月 1 日　　　　　　　收字20161202

材料编号	材料名称	单位	数量		实际价格			
^	^	^	应收	实收	买价	运杂费	其他	合计	实际单价
103	丙材料	千克	1 550	1 550					
104	丁材料	千克	500	500					
合计									

制单：马立伟　　　　　　验收：齐建　　　　　　验收日期：2016 年 12 月 1 日

凭证 4-3-1

中国工商银行转账支票存根(渝)
12161201
附加信息
出票日期：2016 年 12 月 4 日
收款人：重庆天健会计师事务所
金　　额：¥9 540.00
用　　途：支付审计费
单位主管：李彬　会计：谭娟

凭证 4-3-2

重庆市增值税专用发票

发票联

5112161203

No.34131203

开票日期：2016 年 12 月 4 日

购货单位	名　　称：重庆致远机械制造股份有限公司 纳税人识别号：512233445566778 地址、电话：重庆市沙坪坝区歌乐山矿山坡 150 号 023-65506666 开户行及账号：中国工商银行沙坪坝支行 6222023100068898793	密码区	（略）

货物或应税劳务名称	规格型号	单位	数量	单价	金额	税率	税额
审计费		次	1	9 000.00	9 000.00	6%	540.00
合计					¥9 000.00		¥540.00

价税合计(大写)	⊗玖仟伍佰肆拾元整	(小写)¥9 540.00

销货单位	名　　称：重庆天健会计师事务所 纳税人识别号：511038764321238 地址、电话：重庆市沙坪坝区烈士墓东路 55 号 023-64321238 开户银行及账号：中国工商银行烈士墓分理处 6222023100064321238	备注	款未付

收款人：李笑　　复核：高虹　　开票人：张丰健　　销货单位：(章)

第三联：发票联　购货方记账凭证

凭证 4-4-1

```
中国工商银行现金支票存根（渝）
           20161202
附加信息


出票日期：2016 年 12 月 5 日
收款人：重庆致远机械制造股份有限公司
金　额：¥50 000.00
用　途：备用金
单位主管：李彬　会计：谭娟
```

凭证 4-5-1

费用报销单

报销部门：行政室　　　　2016 年 12 月 05 日　　　　单据及附件共 1 页

用　途	金　额（元）	备注
招待费	2 800.00	
		领导审批：现金付讫 同意报销
合　计	¥2 800.00	
金额大写：贰仟捌佰元整		原借款：　元　应退余款：　元

会计主管：李彬　　复核：谭娟　　出纳：王丽　　报销人：夏玲玲　　领款人：夏玲玲

凭证 4-5-2

```
重庆市国家税务局通用机打发票
            发票联
发票代码：150001612044
发票号码：37820655
机打号码：37820655    机器编号：661645501498
销售方名称：重庆秦妈餐饮有限公司
纳税识别号：500112620319023
开票日期：2016-12-04    收款员：王瑛
购买方名称：重庆致远机械制造股份有限公司
纳税识别号：512233445566 7788

项目　　单价　　数量　　金额
餐费　　2 800.00　　1　　2 800.00
金额合计：（小写）¥2 800.00
合计金额：（大写）贰仟捌佰元整
```

凭证 4-6-1

机动车销售统一发票
发票联

开票日期：2016-12-06　　　　　　　　　　　　　　发票代码：511002435616
　　　　　　　　　　　　　　　　　　　　　　　　发票号码：25367552

机打代码 机打号码 机器编号	511002435616 25367552 345678993555	税控码	略		
购买方名称及 身份证号码/组 织机构代码	重庆致远机械制造股份有限公司	纳税人识 别号	5122334455667788		
车辆类型	货车	厂牌型号	红岩金刚牵引货车	产地	重庆
合格证号	W2333	进口证明书号		商检单号	
发动机号码	3105802	车辆识别代号/车架号	渝A35W22		
价税合计	⊗贰拾伍万柒仟肆佰元整			小写：¥257 400.00	
销货单位名称	重庆红岩汽车有限公司	电话	023-67021024		
纳税人识别号	5101081892234045	账号	6222210310007021024		
地址	重庆市渝中区红岩路128号	开户银行	中国工商银行红岩路分理处		
增值税税率或 征收率	17%	增值税税额	¥37 400.00	主管税务机 关及代码	重庆市渝中区国 家税务局 511101
不含税价	¥220 000.00	完税凭证号码		吨位	限乘人数

销货单位盖章：　　　　　　开票人：李林　　　　　　备注：一车一票

凭证 4-6-2

中华人民共和国
税收电子转账专用完税证

登记注册类型：有限公司　　　填发日期：2016-12-06　　　税务机关：重庆市渝中区国家税务局

纳税人识别号	5122334455667788		纳税人名称	重庆致远机械制造股份有限公司			
地址	重庆市沙坪坝区歌乐山矿山破150号						
税种	品目 名称	课税 数量	计税金额或 销售收入	税率或 单位税额	税款所属 时期	已交或 扣除额	实缴 金额
车辆购置税	车辆购 置税		220 000.00	10%	2016-12 -06	0.00	22 000.00
金额合计	（大写）⊗贰万贰仟元整				小写¥22 000.00		
税务机关（盖章）	代征单位（盖章）		填票人 郭美美	备注 红岩金刚牵引货车　车牌号：渝A35W22 票面价格：257 400.00			

凭证 4-6-3

中国工商银行电子缴税付款凭证

转账日期:2016 年 12 月 06 日

纳税人全称及纳税识别号:重庆致远机械制造股份有限公司 512233445566778	
付款人全称:重庆致远机械制造股份有限公司	
付款人账号:6222023100068898793	
征收机关名称:重庆市沙坪坝区国家税务局	
收款国库(银行):国家金库重庆市沙坪坝支库	
小写(合计)金额:￥22 000.00	缴款书交易流水号:
大写(合计)金额:⊗贰万贰仟元整	税票号码:

税种名称	所属时期	实缴金额
车辆购置税	2016-12-06	￥22 000.00

第一联　作付款方记账凭证　　　　　复核:　　　　　　　记账:

（中国工商银行沙坪坝支行 2016.12.06 收讫）

凭证 4-6-4

中国工商银行转账支票存根(渝)

20161203

附加信息

出票日期 2016 年 12 月 6 日

收款人:重庆致远机械制造股份有限公司
金　额:￥257 400.00
用　途:重庆红岩汽车有限公司
单位主管:李彬　会计:谭娟

凭证 4-7-1

重庆市增值税专用发票
记账联

5100161201

No. 24571201

开票日期：2016 年 12 月 6 日

购货单位	名　　　称：重庆芳华机械有限责任公司 纳税人识别号：504587008923333 地址、电话：重庆市沙坪坝区双碑街道 62 号 023-68552424 开户行及账号：中国工商银行双碑分理处 6222023100086 8989	密码区	（略）	第一联 记账联 销货方记账凭证
货物或应税劳务名称	规格型号	单位	数量	单价	金额	税率	税额
A 产品		台	40	3 200.00	128 000.00	17%	21 760.00
合计					¥128 000.00		¥21 760.00
价税合计（大写）	⊗壹拾肆万玖仟柒佰陆拾元整				（小写）¥149 760.00		
销货单位	名　　　称：重庆致远机械制造股份有限公司 纳税人识别号：512233445566778 地址、电话：重庆市沙坪坝区歌乐山矿山坡 150 号 023-65506666 开户行及账号：中国工商银行沙坪坝支行 6222023100068898793	备注		

收款人：　　　复核：田甜　　　开票人：谭娟　　　销货单位：（章）

凭证 4-7-2

中国工商银行进账单（收账通知）

2016 年 12 月 6 日　　　　第 161201 号

付款人	全称	重庆芳华机械有限责任公司	收款人	全称	重庆致远机械制造股份有限公司
	账号	6222023100086898989		账号	6222023100068898793
	开户银行	中国工商银行双碑分理处		开户银行	中国工商银行沙坪坝支行

人民币 （大写）⊗壹拾肆万玖仟柒佰陆拾元整	千	百	十	万	千	百	十	元	角	分
			¥	1	4	9	7	6	0	0	0

| 票据种类 | 转账 | 票据张数 | 1 |
| 票据号码 | | | |

复核　　　记账　　　　　　　　　　　开户行签章

凭证 4-7-3

发 货 单
2016 年 12 月 6 日

购货单位：重庆芳华机械有限责任公司　　　　　　　　　　　　　　编号：20161201

名称	规格	计量单位	数量	单位成本	总成本	备注
A产品		台	40			
合计						

销售部门负责人：　　　　　发货人：　　　　　提货人：　　　　　制单：

凭证 4-8-1

重庆市增值税普通发票
发票联

5000011212　　　　　　　　　　　　　　　　　　　　　　　No.60021752

开票日期：2016 年 12 月 8 日

购货单位	名　　称	重庆致远机械制造股份有限公司				密码区	（略）	第三联：发票联 购货方记账凭证
	纳税人识别号	512233445566778						
	地址、电话	重庆市沙坪坝区歌乐山矿山坡 150 号 023-65506666						
	开户行及账号	中国工商银行沙坪坝支行 6222023100068898793						

货物或应税劳务名称	规格型号	单位	数量	单价	金额	税率	税额
记账凭证		本	20	3.50	70.00	17%	11.90
账本		个	10	15.00	150.00	17%	25.50
墨盒		本	2	40.00	80.00	17%	13.60
合计					¥300.00		¥51.00

价税合计（大写）	⊗叁佰伍拾壹元整	（小写）¥351.00

销货单位	名　　称	重庆科华文化用品公司	备注	收款方式：现金
	纳税人识别号	500345345555545		
	地址、电话	重庆市沙坪坝区站西路 77 号 023-65555545		
	开户银行及账号	中国工商银行沙坪坝支行 6222023100065555545		

收款人：　　　　　复核：李孝利　　　　　开票人：张卫星　　　　　销货单位：（章）

备注：该办公用品为财务处使用。

凭证 4-9-1

重庆致远机械制造股份有限公司

关于同意转销无法支付前欠货款的批复

财务部：

　　你部《关于转销无法支付前欠重庆升胜商贸公司货款的请示》已经收悉。经核实，所述该公司已经破产倒闭事实属实，根据有关财务制度的规定，同意将该应付账款 65 000.00 元（人民币陆万伍仟元整）转作营业外收入。请按有关财务制度进行账务处理。

　　特此批复。

重庆致远机械制造股份有限公司董事会
2016 年 12 月 9 日

凭证 4-10-1

中国工商银行电子缴税付款凭证

日期:2016年12月10日

纳税人全称及纳税识别号:重庆致远机械制造股份有限公司 512233445566778
付款人全程:重庆致远机械制造股份有限公司
付款人账号:6222023100068898793
征收机关名称:重庆市沙坪坝区国家税务局
收款国库(银行):国家金库重庆市沙坪坝支库
小写(合计)金额:¥149 461.40　　　　　　　　　　　　缴款书交易流水号:
大写(合计)金额:⊗壹拾肆万玖仟肆佰陆拾壹元肆角整　　税票号码:
税种名称　　　　　　所属时期　　　　　　　实缴金额
增值税　　　　20161101-20161130　　　　149 461.40
第一联　作付款方记账凭证　　　复核:　　　　　　　记账:

(盖章:中国工商银行沙坪坝支行 2016.12.10 转讫)

凭证 4-10-2

中国工商银行电子缴税付款凭证

转账日期:2016年12月10日

纳税人全称及纳税识别号:重庆致远机械制造股份有限公司 512233445566778
付款人全程:重庆致远机械制造股份有限公司
付款人账号:6222023100068898793
征收机关名称:重庆市沙坪坝区地方税务局
收款国库(银行):国家金库重庆市沙坪坝支库
小写(合计)金额:¥14 946.14　　　　　　　　　　　　缴款书交易流水号:
大写(合计)金额:⊗壹万肆仟玖佰肆拾陆元壹角肆分　　税票号码:
税种名称　　　　　　所属时期　　　　　　　实缴金额
城市维护建设税　　20161101-20161130　　　　10 462.30
教育费附加　　　　20161101-20161130　　　　4 483.84
第一联　作付款方记账凭证　　　复核:　　　　　　　记账:

(盖章:中国工商银行沙坪坝支行 2016.12.10 转讫)

凭证 4-11-1

领 料 单

材料科目:原材料　　　　　　　　　　　　　　　凭证编号:20161201
领料单位:基本生产车间　　　　　　　　　　　　发料仓库:原料仓
材料用途:生产 A 产品　　　2016 年 12 月 10 日

材料编号	材料名称	材料规格	计量单位	数量 请领	数量 实发	实际成本 单价	实际成本 金额
101	甲材料		千克	600	600		
102	乙材料		千克	250	250		
合计							

记账:　　　　领料单位负责人:　　　　领料人:王刚强　　　　发料人:雷蕾

凭证 4-11-2

领 料 单

材料科目：原材料　　　　　　　　　　　　　　　　　　　　凭证编号：20161202
领料单位：基本生产车间　　　　　　　　　　　　　　　　　发料仓库：原料仓
材料用途：生产 B 产品　　　　2016 年 12 月 10 日

材料编号	材料名称	材料规格	计量单位	数量 请领	数量 实发	实际成本 单价	实际成本 金额
101	甲材料		千克	400	400		
102	乙材料		千克	250	250		
合计							

记账：　　　　　领料单位负责人：　　　　　领料人：王刚强　　　　发料人：雷蕾

凭证 4-11-3

领 料 单

材料科目：原材料　　　　　　　　　　　　　　　　　　　　凭证编号：20161203
　领料单位：基本生产车间　　　　　　　　　　　　　　　　发料仓库：原料仓
材料用途：生产 A 产品　　　　2016 年 12 月 10 日

材料编号	材料名称	材料规格	计量单位	数量 请领	数量 实发	实际成本 单价	实际成本 金额
103	丙材料		千克	150	150		
104	丁材料		千克	200	200		
合计							

记账：　　　　　领料单位负责人：　　　　　领料人：王刚强　　　　发料人：雷蕾

凭证 4-11-4

领 料 单

材料科目：原材料　　　　　　　　　　　　　　　　　　　　凭证编号：20161204
领料单位：基本生产车间　　　　　　　　　　　　　　　　　发料仓库：原料仓
材料用途：生产 B 产品　　　　2016 年 12 月 10 日

材料编号	材料名称	材料规格	计量单位	数量 请领	数量 实发	实际成本 单价	实际成本 金额
105	机物料		千克	100	100		
301	木箱		个	200	200		
合计							

记账：　　　　　领料单位负责人：　　　　　领料人：王刚强　　　　发料人：雷蕾

凭证 4-11-5

领 料 单

材料科目：原材料
领料单位：车间领用
材料用途：一般耗用　　　　2016 年 12 月 10 日

凭证编号：20161205
发料仓库：原料仓

材料编号	材料名称	材料规格	计量单位	数量 请领	数量 实发	实际成本 单价	实际成本 金额
105	机物料		千克	100	100		
合计							

记账：　　　　领料单位负责人：　　　　领料人：王刚强　　　　发料人：雷蕾

凭证 4-11-6

领 料 单

材料科目：低值易耗品
领料单位：车间领用
材料用途：劳动保护　　　　2016 年 12 月 10 日

凭证编号：20161206
发料仓库：原料仓

材料编号	材料名称	材料规格	计量单位	数量 请领	数量 实发	实际成本 单价	实际成本 金额
302	工作服		件	50	50		
合计							

记账：　　　　领料单位负责人：　　　　领料人：王刚强　　　　发料人：雷蕾

凭证 4-11-7

领 料 单

材料科目：原材料
领料单位：销售部门
材料用途：销售服务　　　　2016 年 12 月 10 日

凭证编号：20161207
发料仓库：原料仓

材料编号	材料名称	材料规格	计量单位	数量 请领	数量 实发	实际成本 单价	实际成本 金额
105	机物料		千克	50	50		
合计							

记账：　　　　领料单位负责人：　　　　领料人：王刚强　　　　发料人：雷蕾

凭证4-11-8

领 料 单

材料科目:原材料　　　　　　　　　　　　　　　　　　　　　凭证编号:20161208
领料单位:管理部门　　　　　　　　　　　　　　　　　　　　　发料仓库:原料仓
材料用途:一般耗用　　　　　　　2016年12月10号

材料编号	材料名称	材料规格	计量单位	数量 请领	数量 实发	实际成本 单价	实际成本 金额
301	木箱		个	20	20		
	合计						

记账:　　　　领料单位负责人:　　　　领料人:王刚强　　　　发料人:雷蕾

凭证4-12-1

重庆市增值税专用发票

发票联

5112161204　　　　　　　　　　　　　　　　　　　　　　　　No.34131204
　　　　　　　　　　　　　　　　　　　　　　　　　　开票日期:2016年12月11日

购货单位	名　　称:重庆致远机械制造股份有限公司 纳税人识别号:512233445566778 地址、电话:重庆市沙坪坝区歌乐山矿山坡150号 023-65506666 开户行及账号:中国工商银行沙坪坝支行 6222023100068898793	密码区	(略)
货物或应税劳务名称	规格型号　单位　数量　单价　金额　税率　税额		
汽油	92#　　升　1 000　6.00　6 000.00　17%　1 020.00		
合计	￥6 000.00　　￥1 020.00		
价税合计(大写)	⊗柒仟零贰拾元整　　　　　　(小写)￥7 020.00		
销货单位	名　　称:中国石油股份有限公司重庆分公司 纳税人识别号:510103001663909 地址、电话:重庆市渝北区鸳鸯路99号 023-61663909 开户银行及账号:中国工商银行江北支行 6222023100061663909	备注	

收款人:李笑　　　　复核:杨颖　　　　开票人:李维佳　　　　销货单位:(章)
备注:为企业运输车间车辆使用

凭证 4-12-2

中国工商银行转账支票存根（渝）

20161204

附加信息

出票日期：2016 年 12 月 11 日

收款人：中国石油重庆分公司

金　额：¥7 020.00

用　途：汽油款

单位主管：李彬　　　会计：谭娟

凭证 4-13-1

重庆市增值税专用发票

记账联

5100161202

No. 24571202

开票日期：2016 年 12 月 14 日

购货单位	名称：重庆宏伟股份有限公司 纳税人识别号：5133668745885546 地址、电话：重庆市江津区宣化路大道 162 号 023-48799999 开户行及账号：中国工商银行江津一支行 6222023100086777777	密码区	（略）

货物或应税劳务名称	规格型号	单位	数量	单价	金额	税率	税额
A 产品		台	200	3 100.00	620 000.00	17%	105 400.00
B 产品		台	250	3 600.00	900 000.00	17%	153 000.00
合计					1 520 000.00		¥258 400.00

价税合计（大写）	⊗壹佰柒拾柒万捌仟肆佰元整	（小写）¥1 778 400.00

销货单位	名称：重庆致远机械制造股份有限公司 纳税人识别号：512233445566778 地址、电话：重庆市沙坪坝区歌乐山矿山坡 150 号 023-65596666 开户行及账号：中国工商银行沙坪坝支行 6222023100068898793	备注	

收款人：　　　　复核：田甜　　　　开票人：谭娟　　　　销货单位：（章）

第一联：记账联　销货方记账凭证

凭证 4-13-2

发 货 单

2016 年 12 月 14 号

购货单位：重庆宏伟股份有限公司　　　　　　　　　　　编号：20161202

名称	规格	单位	数量	单位成本	总成本	备注
A产品		台	200			
B产品		台	250			

销售部门负责人：　　　发货人：　　　提货人：　　　制单

凭证 4-14-1

中国工商银行电子回单

转账日期：2016 年 12 月 15 日

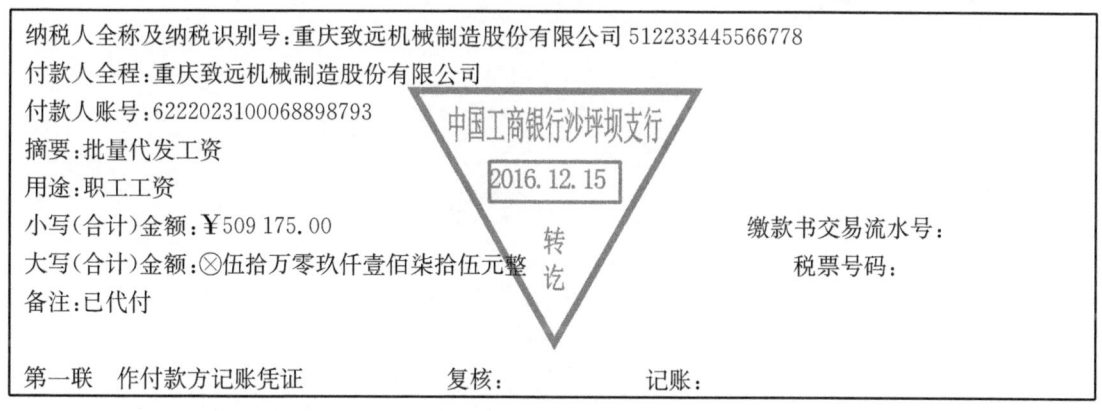

纳税人全称及纳税识别号：重庆致远机械制造股份有限公司 512233445566778
付款人全程：重庆致远机械制造股份有限公司
付款人账号：6222023100068898793
摘要：批量代发工资
用途：职工工资
小写（合计）金额：￥509 175.00　　　　　缴款书交易流水号：
大写（合计）金额：⊗伍拾万零玖仟壹佰柒拾伍元整　　　税票号码：
备注：已代付

（中国工商银行沙坪坝支行 2016.12.15 转讫）

第一联　作付款方记账凭证　　　复核：　　　记账：

凭证 4-14-2

特色业务中国工商银行批量代付成功清单

机构代码：1101	中国工商银行沙坪坝支行	入账日期：2016 年 12 月 15 日
账号	姓名	金额
500101198912290017	王大明	4 500.00
500122196803152219	刘子松	3 280.00
500103197910242548	李彬	3 570.00
400103198510290029	谭娟	3 285.00
500102189210011457	田甜	3 285.00
500213198805011447	王丽	4 200.00
410423198503287741	王婧	3 880.00
300118199005286544	雷蕾	4 020.00
以下略		……
合计		509 175.00

凭证 4-15-1

中国工商银行电子付款凭证

转账日期：2016 年 12 月 15 日

纳税人全称及纳税识别号：重庆致远机械制造股份有限公司 512233445566778
付款人全程：重庆致远机械制造股份有限公司
付款人账号：6222023100068898793
征收机关名称：重庆市沙坪坝区国家税务局
收款国库(银行)：国家金库重庆市沙坪坝支库
小写(合计)金额：¥262 800.00
大写(合计)金额：⊗贰拾陆万贰仟捌佰元整

缴款书交易流水号：
税票号码：

税种名称	所属时间	实缴金额
基本养老保险基金收入	20161101－20161130	177 390.00
基本医疗保险基金收入	20161101－20161130	72 270.00
失业保险基金收入	20161101－20161130	6 570.00
工伤保险基金收入	20161101－20161130	3 285.00
生育保险基金收入	20161101－20161130	3 285.00

（中国工商银行沙坪坝支行 2016.12.15 转讫）

第一联作付款方记账凭证　　　复核：　　　记账：

凭证 4-16-1

住房公积金汇(补)缴书

日期：2016 年 12 月 15 日　　　第 80871201 号

缴款单位	全称	重庆致远机械制造股份有限公司	收款单位	全称	重庆市住房公积金管理中心
	账号	6222023100068898793		账号	6220065012291229229
	汇出行名称	中国工商银行沙坪坝支行		汇入行名称	中国工商银行渝中区支行

缴款类型	√汇缴　□补缴	补缴原因	
缴款人数	54 人	缴款时间	2016 年 11 月至 2016 年 11 月

缴款方式	□现金　√转账	千	百	十	万	千	百	十	元	角	分
金额(大写)	⊗壹拾伍万柒仟陆佰捌拾元整		¥	1	5	7	6	8	0	0	0

上次汇缴		本次增加汇缴		本次减少汇缴		本次汇(补)缴	
人数	金额	人数	金额	人数	金额	人数	金额

上述款项已划至市住房公积金管理中心公积金存款账户内。（银行盖章）
复核：　　　经办：　　　2016 年 12 月 15 日

凭证 4-16-2

中国工商银行电子付款凭证

转账日期：2016 年 12 月 15 日

纳税人全称及纳税识别号：重庆致远机械制造股份有限公司 512233445566778
付款人全程：重庆致远机械制造股份有限公司
付款人账号：6222023100068898793
征收机关名称：重庆市住房公积金管理中心
收款国库(银行)：重庆市渝中区支行
小写(合计)金额：￥157 680.00　　　　　缴款书交易流水号：
大写(合计)金额：⊗壹拾伍万柒仟陆佰捌拾元整　　税票号码：
税种名称　　　　所属时期　　　　　　　　实缴金额
住房公积金　　　20161101－20161130　　　　157 680.00

第一联　作付款方记账凭证　　　　复核：　　　　　记账：

（中国工商银行沙坪坝支行 2016.12.15 转讫）

凭证 4-17-1

重庆市增值税专用发票

5112161205　　　　　发票联　　　　　　　No.34131205

开票日期：2016 年 12 月 18 日

购货单位	名　　称：重庆致远机械制造股份有限公司 纳税人识别号：512233445566778 地址、电话：重庆市沙坪坝区歌乐山矿山破 150 号 023-65506666 开户行及账号：中国工商银行沙坪坝支行 6222023100068898793	密码区	（略）

货物或应税劳务名称	规格型号	单位	数量	单价	金额	税率	税额
丙材料		千克	330	10.00	3 300.00	17%	561.00
丁材料		千克	1 400	58.00	81 200.00	17%	13 804.00
合计					￥84 500.00		￥14 365.00

价税合计(大写)	⊗玖万捌仟捌佰陆拾伍元整　　　　　　　(小写)￥98 865.00

销货单位	名　　称：重庆黄河有限责任公司 纳税人识别号：5005032000210589 地址、电话：重庆市江北区海尔路 20 号 023-69542626 开户银行及账号：中国工商银行江北二支行 6227003761600118938	备注	

收款人：　　　　复核：周健　　　　开票人：高兴兴　　　　销货单位：(章)

第三联：发票联　购货方记账凭证

项目四　2016年12月经济业务　　197

凭证 4-17-2

重庆市增值税专用发票

发票联

5112161206　　　　　　　　　　　　　　　　　　　　　　No. 34131206

开票日期：2016年12月18日

购货单位	名　称：重庆致远机械制造股份有限公司 纳税人识别号：512233445566778 地址、电话：重庆市沙坪坝区歌乐山矿山坡150号 023-65506666 开户行及账号：中国工商银行沙坪坝支行 6222023100068898793	密码区	（略）

货物或应税劳务名称	规格型号	单位	数量	单价	金额	税率	税额
丙材料运费		千克	330	1.00	330.00	11%	36.30
丁材料运费		千克	1 400	1.00	1 400.00	11%	154.00
合计					¥1 730.00	11%	¥190.30

价税合计（大写）	⊗壹仟玖佰贰拾元叁角整	（小写）¥1 920.30

销货单位	名　称：重庆通顺运输有限公司 纳税人识别号：512233445666666 地址、电话：重庆市沙坪坝区盛德路120号 023-65667788 开户银行及账号：中国工商银行沙坪坝支行 6222023100065667788	备注	

收款人：曹寅　　　复核：雷雨　　　开票人：曹礼　　　销货单位：（章）

第三联：发票联　购货方记账凭证

凭证 4-17-3

中国工商银行转账支票存根（渝）

20161205

附加信息

出票日期：2016年12月18日

收款人：重庆黄河有限责任公司

金　额：¥98 865.00

用　途：支付材料款及税金

单位主管：李彬　　会计：谭娟

凭证 4-17-4

```
中国工商银行转账支票存根(渝)
            20161206
附加信息




出票日期:2016年12月18日
收款人:重庆通顺运输有限公司
金　额:¥1 920.30
用　途:支付运费
单位主管:李彬　会计:谭娟
```

凭证 4-17-5

收 料 单

收料仓库:原料仓　　　　2016 年 12 月 18 日　　　　收字20161203号

材料编号	材料名称	单位	数量 应收	数量 实收	实际价格 买价	实际价格 运杂费	实际价格 其他	实际价格 合计	实际价格 实际单价
103	丙材料	千克	330	300					
104	丁材料	千克	1 400	1 400					
合计									

制单:马立伟　　　　　　验收:齐建　　　　　　　验收日期:2016 年 12 月 19 日
注:丙材料损失 30 千克为运输途中合理损耗。

凭证 4-18-1

重庆市增值税专用发票
发票联

5112161207　　　　　　　　　　　　　　　　　　　　　　　　　　　　　　No. 34131207

开票日期：2016 年 12 月 20 日

购货单位	名　　称：重庆致远机械制造股份有限公司 纳税人识别号：512233445566778 地址、电话：重庆市沙坪坝区歌乐山矿山坡 150 号 023-65506666 开户行及账号：中国工商银行沙坪坝支行 6222023100068898793	密码区	（略）	第三联：发票联　购货方记账凭证
货物或应税劳务名称	规格型号	单位	数量	单价	金额	税率	税额	
工业用水		吨	1 500	4.00	6 000.00	13%	780.00	
合计					¥6 000.00		¥780.00	
价税合计（大写）	⊗陆仟柒佰捌拾元整				（小写）¥6 780.00		
销货单位	名　　称：重庆市自来水有限公司 纳税人识别号：510103214975895 地址、电话：重庆沙坪区汉渝路 10 号 023-69589589 开户银行及账号：中国工商银行汉渝路分理处 6222022540358958	备注		

收款人：　　　　　　复核：李娟　　　　　　开票人：王静　　　　　　销货单位：（章）

凭证 4-18-2

水费分配表

重庆致远机械制造股份有限公司　　　　2016 年 12 月　　　　　　　　　　　　　单位：元

使用部门	耗用量	单价	金额
行政管理部门	700	4.00	2 800.00
生产车间	800	4.00	3 200.00
合计	1 500	4.00	6 000.00

凭证 4-18-3

委托收款结算凭证（贷方凭证）

日期：2016 年 12 月 20 日　　　　　　　　　　　　　　　第 161201 号

付款人	全称	重庆致远机械制造股份有限公司	收款人	全称	重庆市自来水有限公司
	账号	6222023100068898793		账号	62220225403589589
	开户银行	中国工商银行沙坪坝支行		开户银行	中国工商银行汉渝路分理处

委托金额	人民币（大写）⊗陆仟柒佰捌拾元整	千	百	十	万	千	百	十	元	角	分
					¥	6	7	8	0	0	0

| 合同号 | SS16011201 | 款项内容 | 水费 | 附寄单证张数 | |

凭证 4-19-1

重庆市增值税专用发票

发票联

5112161208   No.34131208

开票日期：2016 年 12 月 20 日

购货单位	名　　称	重庆致远机械制造股份有限公司	密码区	（略）
	纳税人识别号	512233445566778		
	地址、电话	重庆市沙坪坝区歌乐山矿山破 150 号 023-65506666		
	开户行及账号	中国工商银行沙坪坝支行 6222023100068898793		

货物或应税劳务名称	规格型号	单位	数量	单价	金额	税率	税额
电			20 000	0.80	16 000.00	17%	2 720.00
合计					¥16 000.00		¥2 720.00

价税合计（大写）	⊗壹万捌仟柒佰贰拾元整	（小写）¥18 720.00

销货单位	名　　称	重庆市电力集团有限公司	备注	
	纳税人识别号	500902202856659		
	地址、电话	重庆沙坪区汉渝路 118 号 023-69586789		
	开户银行及账号	中国工商银行汉渝路分理处 62220225403586789		

第三联：发票联 购货方记账凭证

收款人：　　　复核：吴立军　　　开票人：何慧　　　销货单位：（章）

凭证 4-19-2

电费分配表

重庆致远机械制造股份有限公司　　　2016 年 12 月　　　单位：元

使用部门	耗用量	单价	金额
行政管理部门	10 000	0.80	8 000.00
生产车间	10 000	0.80	8 000.00
合计	20 000	0.80	16 000.00

凭证 4-19-3

委托收款结算凭证（贷方凭证）

日期：2016 年 12 月 20 日　　　第 161202 号

付款人	全称	重庆致远机械制造股份有限公司	收款人	全称	重庆市电力集团有限公司
	账号	6222023100068898793		账号	500902202856659
	开户银行	中国工商银行沙坪坝支行		开户银行	中国工商银行汉渝路分理处

委托金额	人民币（大写）⊗壹万捌仟柒佰贰拾元整	千	百	十	万	千	百	十	元	角	分
				¥	1	8	7	2	0	0	0

合同号	SS16011202	款项内容	电费	附寄单证张数	

凭证 4-20-1

重庆市某会计师事务所文件

重庆致远机械有限责任公司【2016】字第 126 号

资产评估报告

重庆致远机械制造股份有限公司:

  我单位接受贵单位委托,依据《中华人民共和国国有资产评估办法》、《中华人民共和国注册会计师法》和《企业会计准则》等的规定,对贵公司接受重庆朝阳股份有限公司投资的铣床1台进行评估。原始价值97 530元,已计提折旧24 530元,固定资产按现行市价确定价值为90 000元。

  评估员:张立

  中国注册会计师:赵宏　　赵宏

重庆某会计师事务所

2016 年 12 月 20 日

凭证 4-20-2

固定资产转移单

投资单位:重庆朝阳股份有限公司

接受单位:重庆致远机械制造股份有限公司　　2016 年 12 月 20 日　　调拨单号:0059

调拨原因或依据		投资				调拨方式	有偿	
固定资产名称	规格型号	单位	数量	预计使用年限	已使用年限	原值	已提折旧	净值
铣床		台	1	8	2	97 530	24 250	73 280

投资单位
公章
财务:李梅
经办:张慧

接受单位
公章
财务:李彬
经办:田甜

会计主管:王华　　　　稽核:　　　　制单:

凭证 4-20-3

重庆市增值税专用发票
发票联

5112161209　　　　　　　　　　　　　　　　　　　　　　　　　　　No. 34131209
开票日期：2016 年 12 月 20 日

购货单位	名称：重庆致远机械制造股份有限公司 纳税人识别号：512233445566778 地址、电话：重庆市沙坪坝区歌乐山矿山破 150 号 023-65506666 开户行及账号：中国工商银行沙坪坝支行 6222023100068898793	密码区	（略）

货物或应税劳务名称	规格型号	单位	数量	单价	金额	税率	税额
铣床		台	1	90 000.00	90 000.00	17%	15 300.00
合计					￥90 000.00		￥15 300.00

价税合计（大写）	⊗壹拾万伍仟叁佰元整	（小写）￥105 300.00

销货单位	名称：重庆朝阳股份有限公司 纳税人识别号：514256891119222 地址、电话：重庆市江北区科苑路 29 号 023-66487951 开户银行及账号：中国工商银行科苑路分理处 6229980749458612	备注	

收款人：　　　　　复核：张亚文　　　　　开票人：谭文文　　　　　销货单位：（章）

凭证 4-21-1

重庆市增值税专用发票
发票联

5112161210　　　　　　　　　　　　　　　　　　　　　　　　　　　No. 34131210
开票日期：2016 年 12 月 20 日

购货单位	名称：重庆致远机械制造股份有限公司 纳税人识别号：512233445566778 地址、电话：重庆市沙坪坝区歌乐山矿山坡 150 号 023-65506666 开户行及账号：中国工商银行沙坪坝支行 6222023100068898793	密码区	（略）

货物或应税劳务名称	规格型号	单位	数量	单价	金额	税率	税额
基础电信服务		次	1	6 000.00	6 000.00	11%	660.00
合计					￥6 000.00		￥660.00

价税合计（大写）	⊗陆仟陆佰陆拾元整	（小写）￥6 660.00

销货单位	名称：中国电信股份有限公司重庆分公司 纳税人识别号：500303764131713 地址、电话：重庆市沙坪区三峡路 152 号 023-64131713 开户银行及账号：中国工商银行沙坪坝支行 62220225464131	备注	全部属于行政管理部门使用

收款人：　　　　　复核：　　　　　开票人：于静（工号：746890）　　　　　销货单位：（章）

凭证 4-21-2

委托收款结算凭证(贷方凭证)

日期:2016 年 12 月 20 日　　　　　　　　　　　　　　　　第 161203 号

付款人	全称	重庆致远机械制造股份有限公司	收款人	全称	中国电信股份有限公司重庆分公司
	账号	6222023100068898793		账号	62220225464131713
	开户银行	中国工商银行沙坪坝支行		开户银行	中国工商银行沙坪坝支行

委托金额	人民币（大写）⊗陆仟陆佰陆拾元整	千	百	十	万	千	百	十	元	角	分
					¥	6	6	6	0	0	0

合同号	SS16011203	款项内容	电话费	附寄单证张数	

（中国工商银行沙坪坝支行 2016.12.20 转讫）

凭证 4-22-1

重庆市增值税专用发票

发票联

5112161211　　　　　　　　　　　　　　　　　　　　　　　　No. 34131211
　　　　　　　　　　　　　　　　　　　　　　　　　　开票日期:2016 年 12 月 22 日

购货单位	名　称:重庆致远机械制造股份有限公司	密码区	第三联：发票联　购货方记账凭证
	纳税人识别号:512233445566778		
	地址、电话:重庆市沙坪坝区歌乐山矿山破 150 号 023-65506666	（略）	
	开户行及账号:中国工商银行沙坪坝支行 6222023100068898793		

货物或应税劳务名称	规格型号	单位	数量	单价	金额	税率	税额
车床		台	1	30 000.00	30 000.00	17%	5 100.00
合计					¥30 000.00		¥5 100.00

价税合计（大写）	⊗叁万伍仟壹佰元整	（小写）¥35 100.00

销货单位	名　称:重庆朝阳股份有限公司	备注
	纳税人识别号:514256891119222	
	地址、电话:重庆市江北区湖东路 20 号 023-67858585	
	开户银行及账号:中国工商银行湖东路支行 6222023100083621250	

（重庆朝阳股份有限公司 514256891119222 发票专用章）

收款人:　　　复核:张亚文　　　开票人:谭文文　　　销货单位:(章)

凭证 4-22-2

中国工商银行转账支票存根(渝)

20161207

附加信息

出票日期:2016 年 12 月 22 日

收款人:重庆朝阳股份有限公司

金　额:¥35 100.00

用　途:支付货款

单位主管:李彬　会计:谭娟

凭证 4-23-1

重庆市增值税专用发票

发票联

5112161212

No.34131212

开票日期:2016 年 12 月 22 日

购货单位	名称:重庆致远机械制造股份有限公司 纳税人识别号:512233445566778 地址、电话:重庆市沙坪坝区歌乐山矿山坡 150 号 023-65506666 开户行及账号:中国工商银行沙坪坝支行 6222023100068898793								密码区	(略)
货物或应税劳务名称	规格型号	单位	数量	单价	金额	税率	税额			
车床运费		台	1	4 000.00	4 000.00	11%	440.00			
合计					¥4 000.00		¥440.00			
价税合计(大写)	⊗肆仟肆佰肆拾元整							(小写)¥4 440.00		
销货单位	名称:重庆迅速运输有限公司 纳税人识别号:500000310007895 地址、电话:重庆市江北区海尔路 230 号 023-67348116 开户银行及账号:中国工商银行江北支行 6222023100067348116								备注	

收款人:　　　　复核:杨江　　　　开票人:唐红梅　　　　销货单位:(章)

凭证 4-24-1

差旅费报销单

2016年12月22日　　　　　　　　　　　　　　　　　　　　　附件 3 张

部门	财务科				姓名	王鑫		
出差事由	到深圳参加培训				出差日期	自 2016 年 12 月 18 日		
到达地点	深圳					至 2016 年 12 月 21 日　共 4 天		
路　费					住宿费	伙食补助	会议费	其他
飞机	火车	汽车	轮船	其他	共 3 天	共 4 天		
2 100.00					1 590.00	400.00		1 000.00
总计报销金额(大写)×伍仟零玖拾元整　　￥5 090.00						原借差旅费	无	
领导批示：刘子松　　会计主管：李彬　　报销人签章：谭娟　　出纳员签章：王丽								

（现金付讫）

凭证 4-24-2

航空运输电子客票行程单

印刷序号：4820105826 9

顾客姓名		有效身份证号码				签注			
谭娟		510103196911237016				不得转签			
	承运人	航班号	席位等级	日期	时间	客票级别/客票类别	客票生效日期	有效截止日期	免费行李
自 重庆 至 深圳 至 至	T1	CA1809	B	18Dec	8:50	T			20KG
	票价　CNY950.00			机场建设费：CNY50.00		其他税费		合计：CNY 1 000.00	
电子客票号码 1802397245036　　　验证码 3815　　　提示信息　　　保险费									
销售单位代号：CQ038002619487　　填开单位：重庆捷达航空服务有限公司　　填开日期：2016-12-18									

付款凭证　手写无效

凭证 4-24-3

航空运输电子客票行程单

印刷序号：8017290583 2

顾客姓名 谭娟	有效身份证号码 510103196911237016					签注 不得转签				
	承运人	航班号	席位等级	日期	时间	客票级别/客票类别	客票生效日期	有效截止日期	免费行李	
自深圳至重庆至至	T1	SC1811	B	21Dec	15:45	T			20KG	付款凭证 手写无效
	票价 CNY 1 050.00			机场建设费：CNY50.00		其他税费		合计：CNY 1 100.00		

电子客票号码 1039847291047　　　验证码 4810　　　提示信息　　　保险费

销售单位代号：CQ038002619487　　填开单位：重庆捷达航空服务有限公司　　填开日期：2016-12-18

凭证 4-24-4

深圳市增值税普通发票

3100162320　　　　　　　　　　发票联　　　　　　　　　　No.30051272

开票日期：2016 年 12 月 22 日

购货单位	名　称：重庆致远机械制造股份有限公司 纳税人识别号：512233445566778 地址、电话：重庆市沙坪坝区歌乐山矿山破 150 号 023-65506666 开户行及账号：中国工商银行沙坪坝支行 6222023100068898793	密码区	（略）	第三联：发票联 购货方记账凭证
货物或应税劳务名称	规格型号	单位	数量	单价	金额	税率	税额	
住宿费		天	3	500.00	1 500.00	6%	90.00	
合计					￥1 500.00		￥90.00	
价税合计（大写）	⊗壹仟伍佰玖拾元整					（小写）￥1 590.00		
销货单位	名　称：深圳方圆酒店管理有限公司 纳税人识别号：410116695979541 地址、电话：深圳市郑东新区平安路 1881 0775-85979541 开户银行及账号：中国工商银行郑东新区支行 6222023100005979541	备注		

收款人：　　　　　复核：张天笑　　　　　开票人：李沁　　　　　销货单位：（章）

项目四 2016年12月经济业务 217

凭证 4-24-5

深圳市增值税普通发票
发票联

3100162320 No.30051272

开票日期：2016年12月22日

购货单位	名　　称：重庆致远机械制造股份有限公司 纳税人识别号：512233445566778 地址、电话：重庆市沙坪坝区歌乐山矿山破150号 023-65506666 开户行及账号：中国工商银行沙坪坝支行 6222023100068898793	密码区	（略）	第三联：发票联 购货方记账凭证

货物或应税劳务名称	规格型号	单位	数量	单价	金额	税率	税额
会议费		次	1	1 000.00	970.87	3%	29.13
合计					￥970.87		￥29.13

价税合计（大写）	⊗壹仟元整	（小写）￥1 000.00

销货单位	名　　称：深圳吉瑞会务服务有限公司 纳税人识别号：410116691998572 地址、电话：深圳市郑东新区罗湖东路561号 0755-83088888 开户银行及账号：中国工商银行郑东新区支行 6222023100030888888	备注

收款人：　　　　复核：李晨晨　　　　开票人：邓超然　　　　销货单位：(章)

凭证 4-25-1

重庆致远机械制造股份有限公司领款单
2016年12月23日

领款事由	领车床安装人员工资		
领款金额	人民币(大写)　⊗叁仟元整		
审核意见	同意付款	领导签字：刘子松	现金付讫
领款单位	设备处	领款人：江虎	
备注			

凭证 4-26-1

```
中国工商银行转账支票存根(渝)
         20161208
附加信息


出票日期：2016年12月24日
收款人：某科技学院
金　额：￥240 000.00
用　途：购发明专利权B
单位主管：李彬    会计：谭娟
```

凭证 4-26-2

购买某专利合同

甲方:重庆致远机械制造股份有限公司

乙方:重庆某科技学院

甲方向乙方购买某项专利权B,有效期为10年,甲方向乙方以存款一次性付清专利费240 000.00元。

甲方:重庆致远机械制造股份有限公司　　　乙方:重庆某科技学院

2016年12月24日

凭证 4-27-1

重庆致远机械制造股份有限公司固定资产竣工验收单

2016年12月25日　　　　　　　　　　　　　　固收字第5号

总编号	2468	分类编号	14	分类编号(测)	
名称		车床		型号	GB6120
规格					
国别	中国	生产厂家	重庆起重机厂	出厂编号	
出厂日期	2016年10月	单位	台	数量	1	单价	
总价		发票号码	87206	经费来源	自筹
销售单位	重庆市光明起重机厂			使用方向	生产
附件	1张			新旧承程度	新
备注			使用单位		

财产管理部门负责人:　　使用部门负责人:　　经办人:　　保管员:

凭证 4-27-2

固定资产验收单

被通知单位:机加工车间　　2016年12月25日　　　　编号:22345

类别	名称	资产编号	规格型号	来源	数量	购(造)价	使用年限	预计残值
机器	车床	2468	GB6120	购入	1			
建造单位				交工日期		附件		
重庆机床厂				2016.12.25				
验收部分	设备科			管理处				
备注								

通知单位:设备处　　　　　　　　　　经办人:章贡

凭证 4-28-1

重庆市增值税普通发票
记账联

5100161203

No.24571203

开票日期：2016 年 12 月 25 日

购货单位	名　　称：重庆大众机械有限公司 纳税人识别号：503587008923217 地址、电话：重庆市渝北区红锦大道 162 号　023-69999999 开户行及账号：中国工商银行加州支行　6222023100086000001							密码区	（略）
货物或应税劳务名称	规格型号	单位	数量	单价	金额	税率	税额		
A 产品		台	100	3 200.00	320 000.00	17%	54 400.00		
B 产品		台	200	3 500.00	700 000.00	17%	119 000.00		
合计					¥1 020 000.00		¥173 400.00		
价税合计（大写）	⊗人民币壹佰壹拾玖万叁仟肆佰元整　（小写）¥1 193 400.00								
销货单位	名　　称：重庆致远机械制造股份有限公司 纳税人识别号：512233445566778 地址、电话：重庆市沙坪坝区歌乐山矿山坡 150 号　023-65506666 开户行及账号：中国工商银行沙坪坝支行　6222023100068898793							备注	现金折扣条件： (2/10,1/20,N/30)

收款人：　　　　复核：田甜　　　　开票人：谭娟　　　　销货单位：（章）

凭证 4-28-2

中国工商银行转账支票存根（渝）
20161209
附加信息
出票日期　2016 年 12 月 25 日
收款人：圆通快递有限公司
金　额：¥800.00
用　途：代垫运费
单位主管：李彬　　　会计：谭娟

凭证 4-28-3

发 货 单

2016 年 12 月 25 日

购货单位:重庆大众机械有限责任公司　　　　　　　　　　　　　　　编号:20161203

编号	名称	规格	单位	数量	单位成本	总成本	备注
201	A产品		台	100			
202	B产品		台	200			

销售部门负责人:　　　　　发货人:　　　　　提货人:　　　　　制单:

凭证 4-29-1

西南证券股份有限公司重庆分公司结算凭证

2016 年 12 月 25 日	成交过户交割凭证	买

公司代码:12521	证券名称:长大股份
股东账号:5262458	成交数量:100 000 股
资金账号:01068137718	成交价格:14.90
股东名称:重庆致远机械制造股份有限公司	成交金额:1 490 000.00

申请编号: 申请时间: 成交时间:2016.12.25 资金前金额:1 500 000.00 资金余额:0 证券前余额:0 股 本次余额:100 000 股	标准佣金:4 500.00 过户费用: 印花税:5 500.00 附加费用: 其他费用: 实际付收金额:1 500 000.00

备注:无明确持有期限,占长大股份得 5%。款项已从投资专户划账。

凭证 4-30-1

领 料 单

材料科目:原材料　　　　　　　　　　　　　　　　　　　　　　凭证编号:20161209
领料单位:基本生产车间　　　　　　　　　　　　　　　　　　　发料仓库:原料仓
材料用途:生产 A 产　　　　　　2016 年 12 月 25 日

材料编号	材料名称	材料规格	计量单位	数量		实际成本	
^	^	^	^	请领	实发	单价	金额
101	甲材料		千克	400	400		
106	戊材料		千克	50	50		
合计							

记账:　　　　领料单位负责人:　　　　领料人:王刚强　　　　发料人:雷蕾

凭证 4-30-2

领 料 单

材料科目:原材料　　　　　　　　　　　　　　　　　　　　　　　凭证编号:20161210
领料单位:基本生产车间　　　　　　　　　　　　　　　　　　　　发料仓库:
材料用途:生产 B 产品　　　　　2016 年 12 月 25 日

材料编号	材料名称	材料规格	计量单位	数量 请领	数量 实发	实际成本 单价	实际成本 金额
101	甲材料		千克	200	200		
102	乙材料		千克	200	200		
合计							

记账:　　　领料单位负责人:　　　　领料人:王刚强　　　　发料人:雷蕾

凭证 4-30-3

领 料 单

材料科目:原材料　　　　　　　　　　　　　　　　　　　　　　　凭证编号:20161211
领料单位:基本生产车间　　　　　　　　　　　　　　　　　　　　发料仓库:原料仓
材料用途:生产 A 产品　　　　　2016 年 12 月 25 日

材料编号	材料名称	材料规格	计量单位	数量 请领	数量 实发	实际成本 单价	实际成本 金额
103	丙材料		千克	150	150		
104	丁材料		千克	300	300		
合计							

记账:　　　领料单位负责人:　　　　领料人:王刚强　　　　发料人:雷蕾

凭证 4-30-4

领 料 单

材料科目:原材料　　　　　　　　　　　　　　　　　　　　　　　凭证编号:20161212
领料单位:基本生产车间　　　　　　　　　　　　　　　　　　　　发料仓库:原料仓
材料用途:生产 B 产品　　　　　2016 年 12 月 25 日

材料编号	材料名称	材料规格	计量单位	数量 请领	数量 实发	实际成本 单价	实际成本 金额
105	机物料		千克	250	250		
301	木箱		个	100	100		
合计							

记账:　　　领料单位负责人:　　　　领料人:王刚强　　　　发料人:雷蕾

凭证 4-30-5

领 料 单

材料科目：原材料　　　　　　　　　　　　　　　　　　　凭证编号：20161213
领料单位：车间领用　　　　　　　　　　　　　　　　　　发料仓库：原料仓
材料用途：一般耗用　　　　　2016 年 12 月 25 日

材料编号	材料名称	材料规格	计量单位	数量 请领	数量 实发	实际成本 单价	实际成本 金额
105	机物料		千克	50	50		
合计							

记账：　　　领料单位负责人：　　　领料人：王刚强　　　发料人：雷蕾

凭证 4-30-6

领 料 单

材料科目：原材料　　　　　　　　　　　　　　　　　　　凭证编号：20161214
领料单位：车间领用　　　　　　　　　　　　　　　　　　发料仓库：原料仓
材料用途：劳动保护　　　　　2016 年 12 月 25 日

材料编号	材料名称	材料规格	计量单位	数量 请领	数量 实发	实际成本 单价	实际成本 金额
302	工作服		件	30	30		
合计							

记账：　　　领料单位负责人：　　　领料人：王刚强　　　发料人：雷蕾

凭证 4-30-7

领 料 单

材料科目：原材料　　　　　　　　　　　　　　　　　　　凭证编号：20161215
领料单位：销售部门　　　　　　　　　　　　　　　　　　发料仓库：原料仓
材料用途：销售服务　　　　　2016 年 12 月 25 日

材料编号	材料名称	材料规格	计量单位	数量 请领	数量 实发	实际成本 单价	实际成本 金额
105	机物料		千克	100	100		
合计							

记账：　　　领料单位负责人：　　　领料人：王刚强　　　发料人：雷蕾

凭证 4-30-8

领 料 单

材料科目：周转材料　　　　　　　　　　　　　　　　　　　　凭证编号：20161216
领料单位：车间领用　　　　　　　　　　　　　　　　　　　　发料仓库：原料仓
材料用途：一般耗用　　　　　　2016 年 12 月 25 日

材料编号	材料名称	材料规格	计量单位	数量 请领	数量 实发	实际成本 单价	实际成本 金额
303	专用工具		个	200	200		
合计							

记账：　　　领料单位负责人：　　　领料人：王刚强　　　发料人：雷蕾

凭证 4-30-9

领 料 单

材料科目：周转材料　　　　　　　　　　　　　　　　　　　　凭证编号：20161217
领料单位：运输车间领用　　　　　　　　　　　　　　　　　　发料仓库：原料仓
材料用途：一般耗用　　　　　　2016 年 12 月 25 日

材料编号	材料名称	材料规格	计量单位	数量 请领	数量 实发	实际成本 单价	实际成本 金额
303	专用工具		个	100	100.		
合计							

记账：　　　领料单位负责人：　　　领料人：王刚强　　　发料人：雷蕾

凭证 4-31-1

固定资产清理报废单

2016 年 12 月 28 日　　　　　　　　　　　　　　　　　　　编号：20161201

主管部门：机械公司				使用单位：重庆致远机械制造股份有限公司					
名称及型号	单位	数量	原始价值	已提折旧	净值	预计使用年限	实际使用年限	支付清理费	收回变价收入
钻床（大型）	台	1	87 000	69 600		10	8		
建造单位	建造年份		出厂号	申请报废原因：不能继续使用 备注：该钻床预计净残值为 0。					
黄石锻压机床厂	1985		8466						

凭证 4-31-2

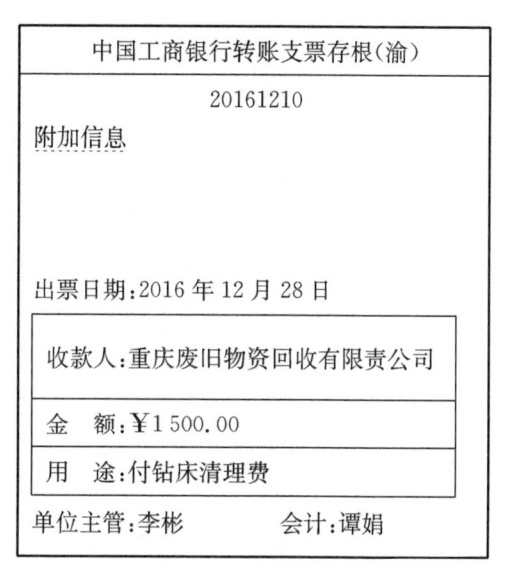

```
中国工商银行转账支票存根（渝）
            20161210
附加信息



出票日期：2016 年 12 月 28 日
收款人：重庆废旧物资回收有限责任公司
金　额：¥1 500.00
用　途：付钻床清理费
单位主管：李彬    会计：谭娟
```

凭证 4-31-3

中国工商银行进账单（收账通知）

日期：2016 年 12 月 28 日　　　　　　　　　　第 131202 号

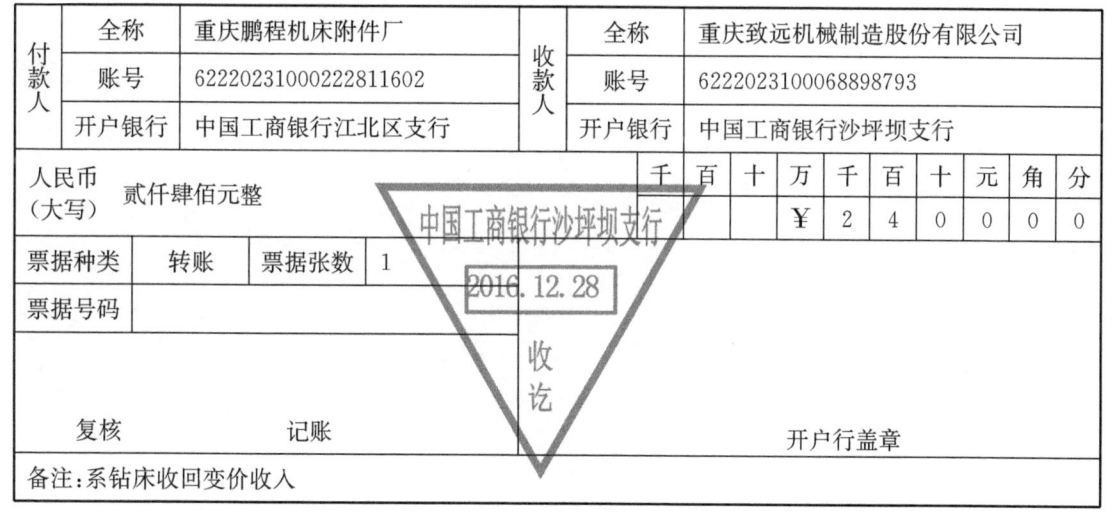

付款人	全称	重庆鹏程机床附件厂	收款人	全称	重庆致远机械制造股份有限公司
	账号	6222023100022281160 2		账号	6222023100068898793
	开户银行	中国工商银行江北区支行		开户银行	中国工商银行沙坪坝支行

人民币（大写）	贰仟肆佰元整	千	百	十	万	千	百	十	元	角	分
					¥	2	4	0	0	0	0

票据种类	转账	票据张数	1
票据号码			

复核　　　　　记账　　　　　　　　　　　开户行盖章

备注：系钻床收回变价收入

（中国工商银行沙坪坝支行 2016.12.28 收讫）

凭证 4-31-4

固定资产清理损益计算单

2016 年 12 月 28 日

清理项目	钻床	清理原因	报废
固定资产清理借方发生额		固定资产清理贷方发生额	
清理支出内容	金额	清理收入内容	金额
固定资产净值		出售固定资产价款	
借方合计		贷方合计	
固定资产清理 净收益 金额： 净损失			

凭证 4-32-1

重庆市增值税专用发票

5112161213

发票联

No.34131213

开票日期：2016 年 12 月 29 日

购货单位	名　　称：重庆致远机械制造股份有限公司 纳税人识别号：512233445566778 地址、电话：重庆市沙坪坝区歌乐山矿山坡 150 号　023-65506666 开户行及账号：中国工商银行沙坪坝支行　6222023100068898793	密码区	（略）

货物或应税劳务名称	规格型号	单位	数量	单价	金额	税率	税额
运费					24 000.00	11%	2 640.00
合计					￥24 000.00		￥2 640.00

价税合计(大写)	⊗贰万陆仟陆佰肆拾元整	(小写)￥26 640.00

销货单位	名　　称：重庆佳信物流有限公司 纳税人识别号：511011511108182 地址、电话：重庆市沙坪坝区万达路 158 号　023-65818244 开户银行及账号：中国工商银行沙坪坝支行　6222023100065818244	备注	

收款人：曹寅　　　复核人：雷雨　　　开票人：曹礼　　　销货单位：(章)

凭证 4-32-2

中国工商银行网上银行电子回单

电子回单号码:00014352819					
付款人	全 称	重庆致远机械制造股份有限公司	收款人	全 称	重庆黄河有限责任公司
	账 号	6222023100068898793		账 号	6227003761600118938
	开户行	中国工商银行沙坪坝支行		开户行	中国建设银行石桥铺分理处
金额	人民币(大写):⊗贰万陆仟陆佰肆拾元整				小写金额:¥26 640.00
摘要	支付本月销货运费			业务种类	汇兑
用途	支付本月销货运费				
交易流水号	88452566			时间戳	2016-12-29-10.24.10.525585
备注:本月销货运费					
验证码:略					
记账网点	0260	记账柜员	12	记账日期	2016年12月29日

打印日期:2016年12月29日

凭证 4-33-1

中国建设银行贷款凭证(3)(收款通知)

2016年12月29日

贷款单位名称	重庆致远机械制造股份有限公司	种类	长期资金贷款	贷款户账号	6227003761600788788							
金额	人民币(大写):⊗贰佰万元整				千	百	十	万	千	百	十	元	角	分
					¥	2	0	0	0	0	0	0	0	0
用途	生产经营	单位申请期限	自2016年12月29日起至2018年12月28日止	利率	8%
		银行核定期限	自2016年12月29日起至2018年12月28日止		

以上贷款已核准发放　　　　贷款。
并已转收你单位建行沙坪坝支行　6227003761600788788 账户
银行签章　2016年12月29日

单位会计分录
收入＿＿＿＿
付出＿＿＿＿
复核　　　记账
主管　　　会计

凭证 4-34-1

中国工商银行进账单(收账通知)

日期：2016 年 12 月 29 日　　　　　　　　　　　　　第 131203 号

出票人	全称	重庆东方金属有限公司	收款人	全称	重庆致远机械制造股份有限公司
	账号	6222023100068980202		账号	6222023100068898793
	开户银行	中国建设银行威武路分理处		开户银行	中国工商银行沙坪坝支行

人民币（大写）	⊗壹拾万元整	千	百	十	万	千	百	十	元	角	分
			¥	1	0	0	0	0	0	0	0
票据种类	商业承兑汇票										
票据张数	1										

中国工商银行沙坪坝支行 2016.12.29 转讫

复核　　记账　　　　　　　　　　　　　　开户行盖章

备注：商业汇票到期

凭证 4-35-1

中国建设银行结算业务申请书

申请日期：2016 年 12 月 28 日　　　　　　　　　　　第 201612001 号
　　　　　　　　　　　　　　　　　　　　　　　　　　第三联　回单联

申请人	全称	重庆致远机械制造股份有限公司	收款人	全称	重庆南方股份有限公司
	账号	6227003761600788788		账号	6002201620252020023
	开户银行	中国建设银行沙坪坝支行		开户银行	中国工商银行科园四路分理处

人民币（大写）	⊗壹佰捌拾万元整	千	百	十	万	千	百	十	元	角	分
			¥	1	8	0	0	0	0	0	0	0
支付密码											
附加信息及用途	支付投资款										

中国工商银行沙坪坝支行 2016.12.29 转讫

单位主管　会计　复核　记账　　　　　　　　　收款人开户行盖章

凭证 4-35-2

投资协议书

今有重庆致远机械制造股份有限公司以银行存款以 1 800 000 元对南方股份有限公司投资,占南方股份有限公司 4% 的股份。南方股份有限公司应按重庆致远机械制造股份有限公司所占股份,根据董事会决议比例予以分配红利;重庆致远机械制造股份有限公司应按投资所占南方公司股份有限公司比例承担的亏损额。本协议自签字之日起生效,若一方违约,按有关法律条款处理。

投资方	接受投资方
单位名称:重庆致远机械制造股份有限公司 单位地址:重庆市沙坪坝区歌乐山矿山坡150号 法定代表人:李红 电话:023-65506666 开户银行:中国建设银行沙坪坝支行 账号:6227003761600788788	单位名称:重庆南方股份有限公司 单位地址:重庆市高新区科园四路10号 法定代表人:陈军 电话:023-64362323 开户银行:中国工商银行科园西路分理处 账号:6002201620252020223

凭证 4-36-1

重庆市增值税专用发票

5100161204　　　　　　　　　　记账联　　　　　　　　　　No.24571204

开票日期:2016 年 12 月 30 日

购货单位	名　　称:重庆东方金属有限公司 纳税人识别号:5012372004220046 地址、电话:重庆市渝北区威武路25号　023-67878787 开户行及账号:中国建设银行威武路分理处 6222023100068980202	密码区	(略)

货物或应税劳务名称	规格型号	单位	数量	单价	金额	税率	税额
B产品		台	80	3 500.00	280 000.00	17%	47 600.00
合计					¥280 000.00		¥47 600.00

价税合计(大写)	⊗叁拾贰万柒仟陆佰元整　　　(小写)¥327 600.00

销货单位	名　　称:重庆致远机械制造股份有限公司 纳税人识别号:512233445566778 地址、电话:重庆市沙坪坝区歌乐山矿山坡150号　023-65506666 开户行及账号:中国工商银行沙坪坝支行 6222023100068898793	备注	

收款人:　　　复核:田甜　　　开票人:谭娟　　　销货单位:(章)

凭证 4-36-2

发 货 单

2016 年 12 月 30 日

购货单位:东方金属有限公司　　　　　　　　　　　　　　　编号:20161204

名称	规格	单位	数量	单位成本	总成本	备注
B产品		台	80			
合计						

销售部门负责人:　　　　发货人:　　　　提货人:　　　　制单:

凭证 4-36-3

中国工商银行进账单(收账通知)

日期:2016 年 12 月 30 日　　　　　　　　　　　　　　　　第 161204 号

出票人	全称	重庆东方金属有限公司	收款人	全称	重庆致远机械制造股份有限公司
	账号	6222023100068980202		账号	6222023100068898793
	开户银行	中国建设银行威武路分理处		开户银行	中国工商银行沙坪坝支行

人民币（大写）	⊗叁拾贰万柒仟陆佰元整	千	百	十	万	千	百	十	元	角	分
		¥		3	2	7	6	0	0	0	0

票据种类:
票据张数:

　　　　　　　　　复核　　　　记账　　　　　　　　　　　　　　开户行盖章

备注:支付货款

凭证 4-37-1

领 款 单

2016 年 12 月 30 日　　　　　　　　　　　　　　　　　第 20161202 号

单位或姓名	李提提
领款事由	搬运产品劳务费
金额(大写):人民币肆佰捌拾元整	¥480.00
备注	销售产品搬运费,由本公司负担。

核准:　　　　会计:　　　　出纳:王丽　　　　领款人:李提提

（现金付讫）

凭证 4-38-1

发 货 单

单位:重庆致远机械制造股份有限公司　　2016 年 12 月 30 日　　金额:元　编号:20161205

编号	产品名称	规格	计量单位	发出数量	单位成本	总成本	备注
201	A产品		台	10			作为福利发放给管理人员
	合计			10			

记账:王军　　　　检验员:　　　　仓库保管员:　　　　制单:

凭证 4-38-2

内部转账单

转账日期:2016 年 12 月 30 日

摘要	会计科目	成本	售价	增值税
结转作为福利的产品			30 000.00	
合计				

财务主管:　　　　复核:　　　　制单:

凭证 4-39-1

内部转账单

2016 年 12 月 30 日

户名	摘要	金额	备注
华南金属冶炼有限责任公司	没收包装物押金	1 170.00	

凭证 4-40-1

重庆市增值税专用发票

5112161214

发票联

No.34141214

开票日期：2016 年 12 月 30 日

购货单位	名　称：重庆致远机械制造股份有限公司 纳税人识别号：512233445566778 地址、电话：重庆市沙坪坝区歌乐山矿山坡 150 号　023-65506666 开户行及账号：中国工商银行沙坪坝支行　6222023100068898793						密码区	（略）	
货物或应税劳务名称	规格型号	单位	数量	单价	金额		税率	税额	
机动车保险费			1.00	10 000.00	10 000.00		6%	600.00	
合计					¥10 000.00		6%	¥600.00	
价税合计（大写）	⊗壹万零陆佰元整							（小写）¥10 600.00	
销货单位	名　称：新华财产保险股份有限公司重庆分公司 纳税人识别号：500000310001955 地址、电话：重庆市南岸区海峡路 66 号　023-67341955 开户银行及账号：中国工商银行南岸支行　6222023100067341995							备注	该车辆系管理部门车辆

收款人：周丽　　复核人：李峰　　开票人：张莹　　销货单位：（章）

凭证 4-40-2

中国工商银行　电汇凭证（回单）

日期：2016 年 11 月 12 日

第 087 号

汇款人	全　称	重庆致远机械制造股份有限公司	收款人	全　称	新华财产保险股份有限公司重庆分公司
	账　号	6222023100068898793		账　号	6222023100067341995
	汇出行名称	中国工商银行沙坪坝支行		汇入行名称	重庆市南岸区海峡路分理处
金额	人民币（大写）	⊗壹万零陆佰元整			￥ 1 0 6 0 0 0 0
		支付密码				
		附加信息及用途　支付机动车保险费				
		汇款行签章			复核　　记账

凭证 4-41-1

中国工商银行收费凭证

交易日期：20161230　　　　　凭证编号：201612889
业务种类：账户管理费
付款方户名：重庆致远机械制造股份有限公司
付款方账号：6222023100068898793
小写金额：100.00　　　大写金额：壹佰元整
交易行：中国工商银行沙坪坝支行
币种：人民币

（中国工商银行沙坪坝支行 2016.12.30 转讫）

凭证 4-42-1

工资结算汇总表

日期：2016 年 12 月 31 日

部门	基本工资	奖金	岗位津贴	应付工资	代扣款	实发工资
生产部（A）	164 900.00	45 100.00	30 000.00	240 000.00		
生产部（B）	147 100.00	52 900.00	22 900.00	222 900.00		
车间管理人员	24 000.00	6 000.00	13 000.00	43 000.00		
辅助车间（运输）	16 000.00	8 000.00	6 000.00	30 000.00		
行政管理部门	43 000.00	7 000.00	4 000.00	54 000.00		
专设销售机构	10 000.00	8 000.00	2 000.00	20 000.00		
在建工程人员（厂房）	21 000.00	4 900.00	4 100.00	30 000.00		
研发人员（D 专利）	18 000.00	7 700.00	4 300.00	30 000.00		
合计	444 000.00	139 600.00	86 300.00	669 900.00		

复核：　　　　　　　　　　　　　　　　　　　　制表：

凭证 4-43-1

个人负担的社会保险、住房公积金计算表

2016 年 11 月 30 日

部门		计提标准	养老保险（8%）	医疗保险（2%）	失业保险（0.5%）	住房公积金（计提比例12%）	合计
基本生产车间	A 产品	240 000.00					
	B 产品	222 900.00					
车间管理人员		43 000.00					
辅助生产车间（运输）		30 000.00					
厂部管理人员		54 000.00					
专设销售机构		20 000.00					
在建工程人员——厂房		30 000.00					
研发人员——D 专利		30 000.00					
合计		669 900.00					

财务主管：　　　　　　　复核：　　　　　　　制单：

凭证 4-44-1

企业负担的社会保险、住房公积金计算表

2016 年 11 月 30 日

部门		计提标准	养老保险（19%）	医疗保险（9%）	失业保险（0.5%）	工伤保险（0.5%）	生育保险（0.5%）	住房公积金（计提比例12%）	合计
基本生产车间	A产品	240 000.00							
	B产品	222 900.00							
车间管理人员		43 000.00							
辅助生产车间（运输）		30 000.00							
厂部管理人员		54 000.00							
专设销售机构		20 000.00							
在建工程人员——厂房		30 000.00							
研发人员——D专利		30 000.00							
合计		669 900.00							

财务主管：　　　　　　　复核：　　　　　　　制单：

凭证 4-45-1

内部转账单

转账日期：2016 年 12 月 31 日

摘要	转账项目	金额
结转副总裁等管理人员房租	房屋租金	20 000.00
合计		20 000.00

凭证 4-45-2

中国工商银行转账支票存根（渝）
20161211
附加信息
出票日期：2016 年 12 月 31 日
收款人：李腾飞个体工商户
金　额：￥20 000.00
用　途：支付 12 月房屋租金
单位主管：李彬　　会计：谭娟

凭证 2-45-3

重庆市增值税普通发票

发票联

5100162320

No.30051272

开票日期：2016年12月31日

购货单位	名　　　称：重庆致远机械制造股份有限公司 纳税人识别号：512233445566778 地址、电话：重庆市沙坪坝区歌乐山矿山破150号　023-65506666 开户行及账号：中国工商银行沙坪坝支行　6222023100068898793	密码区	（略）

货物或应税劳务名称	规格型号	单位	数量	单价	金额	税率	税额
出租住房(2016.12)					19 714.29		285.71
合计					¥19 714.29		¥285.71

价税合计（大写）	⊗贰万元整	（小写）¥20 000.00

销货单位	名　　　称：李腾飞个体工商户 纳税人识别号：510102197605042 地址、电话：重庆市沙坪坝区小龙坎　221 023-65042115 开户银行及账号：中国工商银行小龙坎分理处　6222023100005042115	备注	重庆市沙坪坝区 小龙坎正街118 号8栋15-1、 15-2、15-3

收款人：　　　　　复核：李谷一　　　　　开票人：王甘迪　　　　　销货单位：（章）

凭证 4-46-1

内部转账单

日期：2016年12月31日

辞退人员名单	工龄	补偿费（元）
部门经理李林	18	30 000.00
生产工人陈海	6	20 000.00
合计		¥50 000.00

凭证 4-46-2

```
┌─────────────────────────────────┐
│   中国工商银行转账支票存根(渝)   │
│            20161212             │
│   附加信息                      │
│                                 │
│                                 │
│                                 │
│   出票日期:2016 年 12 月 31 日  │
│   收款人:李林等 2 人            │
│   金　额:¥50 000.00             │
│   用　途:辞退补偿费             │
│   单位主管:李彬    会计:谭娟    │
└─────────────────────────────────┘
```

凭证 4-47-1　31 日,计提本年房产税、车船税及土地使用税。(应交财产税计算表)

企业房地产情况:公司年初拥有房产原值总额 4 630 000.00 元,房屋建筑面积 960 平方米,本年 1～11 月无增减变动,房产余值扣除比例为 30%;地产原值为 2 400 000.00 元,土地使用面积 1 080 平方米,土地使用税 12.00 元/平方米。(房屋容积率为 0.89)

车船税 2016 年税目税额及企业车辆情况表

税　目		计量单位	单位税额(元)	数量
乘用车	1.6 升以上至 2.0 升(含)的	辆	480.00	2
商用车	货车	吨	96.00	25

凭证 4-47-2

应交财产税计算表

税种	应纳税额计算							应纳房产税合计
	从价计征				从租计征				
房产税	房产原值	房产余值	税率	应纳税额	租金收入	税率	应纳税额	
			1.2%			12%		
土地使用税	应税面积(平方米)				税率(元/平方米)			应纳土地使用税合计
车船税	项目			计税单位	单位税额	数量	税额	应纳车船税合计
	乘用车	1.6 升以上至 2.0 升(含)的						
	商用车	货车						
	应交财产税总额							

凭证 4-48-1

坏账准备提取计算表

2016 年 12 月 31 日

应收账款年末余额	提取比例	坏账准备账户发生额		本年提取后坏账准备账户余额		年末实际提取坏账准备
		借方	贷方	借方	贷方	
	0.5%					

复核： 制表：

凭证 4-49-1

固定资产折旧计算表

单位：重庆致远机械制造股份有限公司　　日期：2016 年 12 月 30 日

使用部门	固定资产类别	月初应计提固定资产原值	月折旧率	月折旧额
基本生产车间	房屋及建筑物			
	机器设备			
	运输设备			
	其他			
	小计			
运输车间	房屋及建筑物			
	机器设备			
	运输设备			
	其他			
	小计			
行政管理部门	房屋及建筑物			
	机器设备			
	运输设备			
	其他			
	小计			
销售部门	房屋及建筑物			
	机器设备			
	运输设备			
	其他			
	小计			
合　计				

凭证 4-50-1

固定资产减值准备计提表

单位:重庆致远机械制造股份有限公司　　2016 年 12 月 31 日

项目	固定资产原值	已计提折旧	预计可收回金额	已提取金额	应提取固定资产减值准备
万能磨床			40 000.00	0	

财务经理:　　　　　　　　　　经办人:　　　　　　　　　　制单:

凭证 4-51-1

无形资产摊销计算表

单位:重庆致远机械制造股份有限公司　　2016 年 12 月 31 日

无形资产名称	无形资产原值	已摊销金额	本期摊销额	无形资产净值

财务经理:　　　　　　　　　　经办人:　　　　　　　　　　制单:

凭证 4-52-1

无形资产减值准备计提表

单位:重庆致远机械制造股份有限公司　　2016 年 12 月 31 日

项目	无形资产原值	已摊销金额	预计可收回金额	已提取金额	应提取无形资产减值准备
专利技术 A			400 000.00	0	

财务经理:　　　　　　　　　　经办人:　　　　　　　　　　制单:

凭证 4-53-1

可供出售金融资产公允价值变动计算表

单位名称:重庆致远机械制造股份有限公司　　2016 年 12 月 31 日　　　　　　单位:元

可供出售金融资产名称	可供出售金融资产账面价值	可供出售金融资产公允价值	已提取金额	本月提取金额
长大股份		1 200 000.00	0	
合计				

凭证 4-54-1

交易性金融资产公允价值变动计算表

单位名称:重庆致远机械制造股份有限公司　2016 年 12 月 31 日　　　　　　　　　　　　　　　　单位:元

交易性金融资产名称	账面成本	当前市价	跌价损益	公允价值变动损益贷方余额	应确认的公允价值变动损益
股票 600444		600 000.00		0	
股票 600051		255 000.00		0	
合计					

凭证 4-55-1

材料盘点报告单

仓库:材料仓库　　　　　　　　　　2016 年 12 月 30 日

品名	规格	单位	单位成本	数量 盘盈	数量 盘亏	金额
甲材料		千克			20	
木箱		个		10		
合计						

主管:　　　　　　　　会计:　　　　　　　　仓库负责人:　　　　　　　　保管:

凭证 4-56-1

财产清查盘亏(盈)处理通知单

2016 年 12 月 30 日

存货清查中发现甲材料短缺,今审查确认,是保管员马萧<u>管理不善</u>造成的,应由其赔偿 500.00 元,其余损失由公司承担;包装物盘盈原因不明,进确定盘盈木箱的单位成本为 6 元/个。
总经理:王大明　　　　　　　　　　　财务经理:刘子松
2016 年 12 月 31 日　　　　　　　　　2016 年 12 月 31 日

凭证 4-57-1 制作材料领用汇总表

材料领用汇总表
年　月　日

项目	甲材料 数量	甲材料 金额	乙材料 数量	乙材料 金额	丙材料 数量	丙材料 金额	丁材料 数量	丁材料 金额	机物料 数量	机物料 金额	戊产品 数量	戊产品 金额	包装物（木箱）数量	包装物（木箱）金额	低值易耗品（工作服）数量	低值易耗品（工作服）金额	低值易耗品（专用工具）数量	低值易耗品（专用工具）金额	金额合计
生产 A 产品																			
生产 B 产品																			
车间领用																			
运输部门																			
管理部门																			
销售部门																			
盘点																			
合计																			

凭证 4-58-1　归集分配辅助生产成本

辅助生产费用分配表

日期:2016 年 12 月 31 日

部门	运输车间		
	受益数量	单位成本	分配金额
生产产品 A	160 公里		
生产产品 B	240 公里		
车间一般耗用	80 公里		
行政管理部门	200 公里		
专设销售机构	120 公里		
合计	800 公里		

主管：　　　　　　　　　审核：　　　　　　　　　制表：

凭证 4-59-1　归集、分配制造费用

制造费用分配表

日期:2016 年 12 月 31 日

项目	生产工时	分配率	分配金额
合计			

备注:分配率保留 4 位小数

凭证 4-60-1　结转本月完工产品成本

产品成本计算单

2016 年 12 月　　　　　　　　　完工数量：

产品名称:A 产品　　　　　　　　　　　　　　　在产品数量：

成本项目	产量（台）	直接材料	工时（小时）	直接人工	制造费用	辅助生产成本	合计
月初在产品成本							
本月发生生产费用							
费用合计							
分配率							
本月完工产品成本							
月末在产品成本							

注:分配率保留 4 位小数

凭证 4-60-2

产品成本计算单

2016 年 12 月

完工数量：

产品名称：B 产品　　　　　　　　　　　　　　　　　　　　　在产品数量：

成本项目	产量（台）	直接材料	工时（小时）	直接人工	制造费用	辅助生产成本	合计
月初在产品成本							
本月发生生产费用							
费用合计							
本月完工产品成本							
完工产品的单位成本							

注：分配率保留 4 位小数

凭证 4-60-3

完工产品入库汇总表

日期：2016 年 12 月 31 日

产品名称	计量单位	交库数量	总成本	单位成本
A 产品	台	320		
B 产品	台	400		
合计				

凭证 4-61-1　　结转本月已售产品成本

已售产品成本计算表

2016 年 12 月　　　　　　　　　　　　　　　　　　　　　　　　　　　　单位：元

产品名称	月初结存		本月入库		本月销售	
	数量	总成本	数量	总成本	数量	总成本
A 产品						
B 产品						
合计						

主管：　　　　　　　　　　　　审核：　　　　　　　　　　　　制表：

凭证 4-62-1　　计提短期借款和长期借款利息

借款利息计算表

2016 年 12 月 31 日　　　　　　　　　　　　　　　　　　　　　　　　单位：元

借款项目	计息期间	借款本金	借款利率	本月借款利息
合计				

凭证 4-63-1

应交增值税计算表

名称：重庆致远机械制造股份有限公司　　2016 年 12 月 31 日

项目	栏次	金额
本期销项税额	1	
本期进项税额	2	
本期进项税额转出	3	
本期应抵扣的税额	4＝2－3	
本期应纳税额(或尚未抵扣金额)	5	
	6	
转出应交未交增值税额	7＝5	

财务主管：　　　　　　复核：　　　　　　制单：

凭证 4-64-1

城市维护建设税及教育费附加计算表

2016 年 12 月 31 日　　　　　　　　　　　　　单位：元

项目	计税依据	计提比例	计税金额
城市维护建设税			
教育费附加			
合计			

制单：

凭证 4-65-1

利润总额计算表

2016 年 12 月 31 日

本月损益类项目(益)1		本月损益类项目(损)2	
科目名称	本月发生额	科目名称	本月发生额
合计		合计	

本月利润总额＝1－2＝

复核：　　　　　　　　　　　　　　　　　　制表：

凭证 4-66-1

应交所得税计算表

2016 年 12 月 31 日

利润总额	纳税调整增加额	纳税调整减少额	应纳税所得额	所得税率	应纳所得税
1	2	3	4＝1＋2－3	5	6＝4×5

复核：　　　　　　　　　　　　　　　　　　　　　　　　　　制表：

注：假定此处暂不考虑纳税调整事项

凭证 4-67-1

内部转账单

日期：2016 年 12 月 31 日

摘要	转账项目	金额
将所得税费用结转本年利润	本年利润	

凭证 4-68-1

内部转账单

日期：2016 年 12 月 31 日

摘要	转账项目	金额
将本年利润结转至未分配利润	本年利润	

凭证 4-69-1

利润分配计算表

2016 年 12 月 31 日

利润分配项目	全年实现净利润	分配比例	分配金额
提取法定盈余公积		10％	
提取任意盈余公积		5％	
应付利润		70％	
合计			

复核：　　　　　　　　　　　　　　　　　　　　　　　　　　制表：

凭证 4-70-1

内部转账单

日期:2016 年 12 月 31 日

摘要	转账项目	金额

二、2016年12月填报资料(见附表4-1至附表4-7)

附表4-1

资产负债表
(适用执行企业会计准则的一般企业)

纳税人识别号：　　　　　　　　　　　　　　　　　　　　　　　　　　　　会企01表

纳税人名称：　　　　　　　　____年____月____日　　　　　　　　　　　　单位：元

资　产	期末余额	年初余额	负债和所有者权益 (或股东权益)	期末余额	年初余额
流动资产：			流动负债：		
货币资金			短期借款		
交易性金融资产			交易性金融负债		
应收票据			应付票据		
应收账款			应付账款		
预付款项			预收款项		
应收利息			应付职工薪酬		
应收股利			应交税费		
其他应收款			应付利息		
存货			应付股利		
一年内到期的非流动资产			其他应付款		
其他流动资产			一年内到期的		
流动资产合计			其他流动负债		
非流动资产：			流动负债合计		
可供出售金融资产			非流动负债：		
持有至到期投资			长期借款		
长期应收款			应付债券		
长期股权投资			长期应付款		
投资性房地产			专项应付款		
固定资产			预计负债		
在建工程			递延所得税负债		
工程物资			其他非流动负债		
固定资产清理			非流动负债合计		
生产性生物资产			负债合计		
油气资产			所有者权益(或股东权益)：		
无形资产			实收资本(或股本)		
开发支出			资本公积		
商誉			减：库存股		
长摊待摊费用			盈余公积		
递延所得税资产			未分配利润		
其他非流动资产			所有者权益(或股东权益)合计		
非流动资产合计					
资产总计			负债和所有者权益(或股东权益)总计		

附表 4-2

利润表
(适用执行企业会计准则的一般企业)

纳税人识别号: 　　　　　　　　　　　　　　　　　　　　　　　　会企 02 表

纳税人名称: 　　　　　　　　　_____年_____月　　　　　　　　单位:元

项　目	本期金额	上期金额
一、营业收入		
减:营业成本		
税金及附加		
销售费用		
管理费用		
财务费用		
资产减值损失		
加:公允价值变动收益(损失以"-"号填列)		
投资收益(损失以"-"号填列)		
其中:对联营企业和合营企业的投资收益		
二、营业利润(亏损以"-"号填列)		
加:营业外收入		
减:营业外支出		
其中:非流动资产处置损失		
三、利润总额(亏损总额以"-"号填列)		
减:所得税费用		
四、净利润(净亏损以"-"号填列)		
五、每股收益:		
(一) 基本每股收益		
(二) 稀释每股收益		

附表 4-3

现金流量表

(适用执行企业会计准则的一般企业)

纳税人识别号： 会企 03 表

编制单位： ___年___月 单位:元

项　　目	本期金额	上期金额
一、经营活动产生的现金流量：		
销售商品、提供劳务收到的现金		
收到的税费返还		
收到其他与经营活动有关的现金		
经营活动现金流入小计		
购买商品、接受劳务支付的现金		
支付给职工以及为职工支付的现金		
支付的各项税费		
支付其他与经营活动有关的现金		
经营活动现金流出小计		
经营活动产生的现金流量净额		
二、投资活动产生的现金流量：		
收回投资收到的现金		
取得投资收益收到的现金		
处置固定资产、无形资产和其他长期资产收回的现金净额		
处置子公司及其他营业单位收到的现金净额		
收到其他与投资活动有关的现金		
投资活动现金流入小计		
购建固定资产、无形资产和其他长期资产支付的现金		
投资支付的现金		
取得子公司及其他营业单位支付的现金净额		
支付其他与投资活动有关的现金		
投资活动现金流出小计		
投资活动产生的现金流量净额		
三、筹资活动产生的现金流量：		
吸收投资收到的现金		
取得借款收到的现金		
收到其他与筹资活动有关的现金		
筹资活动现金流入小计		
偿还债务支付的现金		
分配股利、利润或偿付利息支付的现金		
支付其他与筹资活动有关的现金		
筹资活动现金流出小计		
筹资活动产生的现金流量净额		
四、汇率变动对现金及现金等价物的影响		
五、现金及现金等价物净增加额		
加:期初现金及现金等价物余额		
六、期末现金及现金等价物余额		

附表 4-4

应交税费——应交增值税明细账

会计科目及编号：应交税费
明细科目：应交增值税

日期	凭证号数	摘要	借方				贷方				借或贷	余额
			进项税额	转出未交增值税		小计	销项税额	进项转出	转出多交增值税	小计		

附表 4-5-1

增值税纳税申报表

(适用于增值税一般纳税人)

根据国家税收法律法规及增值税相关规定制定本表。纳税人不论有无销售额,均应按税务机关核定的纳税期限填报本表,并向当地税务机关申报。

税款所属时间:自　年　月　日至　年　月　日　　填表日期:　年　月　日

金额单位:元至角分

纳税人识别号																所属行业:		
纳税人名称			(公章)			法定代表人姓名				注册地址					生产营业地址			
开户银行及帐号						登记注册类型							电话号码					

	项　目	栏次	一般项目		即征即退项目	
			本月数	本年累计	本月数	本年累计
销售额	(一)按适用税率计税销售额	1				
	其中:应税货物销售额	2			—	—
	应税劳务销售额	3			—	—
	纳税检查调整的销售额	4			—	—
	(二)按简易征收办法征税销售额	5				
	其中:纳税检查调整的销售额	6		—	—	—
	(三)免、抵、退办法出口销售额	7			—	—
	(四)免税销售额	8			—	—
	其中:免税货物销售额	9		—	—	—
	免税劳务销售额	10		—	—	—
税款计算	销项税额	11				
	进项税额	12				
	上期留抵税额	13				—
	进项税额转出	14				
	免、抵、退应退税额	15				
	按适用税率计算的纳税检查应补缴税额	16				
	应抵扣税额合计	17＝12＋13－14－15＋16			—	—
	实际抵扣税额	18(如 17＜11,则为 17,否则为 11)				—

(续表)

项 目		栏次	一般项目		即征即退项目	
			本月数	本年累计	本月数	本年累计
税款缴纳	应纳税额	19＝11－18				
	期末留抵税额	20＝17－18				—
	简易征收办法计算的应纳税额	21				
	按简易征收办法计算的纳税检查应补缴税额	22	—	—	—	—
	应纳税额减征额	23				
	应纳税额合计	24＝19＋21－23				
	期初未缴税额(多缴为负数)	25			—	—
	实收出口开具专用缴款书退税额	26			—	—
	本期已缴税额	27＝28＋29＋30＋31			—	—
	① 分次预缴税额	28			—	—
	② 出口开具专用缴款书预缴税额	29			—	—
	③ 本期缴纳上期应纳税额	30			—	—
	④ 本期缴纳欠缴税额	31	—	—	—	—
	期末未缴税额(多缴为负数)	32＝24＋25＋26－27				
	其中:欠缴税额(≥0)	33＝25＋26－27				
	本期应补(退)税额	34＝24－28－29				
	即征即退实际退税额	35	—	—		
	期初未缴查补税额	36			—	—
	本期入库查补税额	37			—	—
	期末未缴查补税额	38＝16＋22＋36－37			—	—

授权声明	如果你已委托代理人申报,请填写下列资料: 为代理一切税务事宜,现授权 (地址)　　　　　为本纳税人的代理申报人,任何与本申报表有关的往来文件,都可寄予此人。 授权人签字:	申报人声明	此纳税申报表是根据国家税收法律法规的规定填报的,我确定它是真实的、可靠的、完整的。 声明人签字:

以下由税务机关填写:
收到日期:　　　　　　　接收人:　　　　　　　主管税务机关盖章:

附表 4-5-2 增值税纳税申报表附列资料（一）

（本期销售情况明细）

税款所属时间：　年　月　日至　年　月　日

纳税人名称：（公章）　　　　　　　　　　　　　　　　　　　　　　　　　　金额单位：元至角分

项目及栏次			开具增值税专用发票		开具其他发票		未开具发票		纳税检查调整		合计			服务、不动产和无形资产扣除项目本期实际扣除金额	扣除后	
			销售额	销项（应纳）税额	销售额	销项（应纳）税额	销售额	销项（应纳）税额	销售额	销项（应纳）税额	销售额	销项（应纳）税额	价税合计		含税（免税）销售额	销项（应纳）税额
			1	2	3	4	5	6	7	8	9=1+3+5+7	10=2+4+6+8	11=9+10	12	13=11−12	14=13÷(100%+税率或征收率)×税率或征收率
一、一般计税方法计税	全部征税项目	17%税率的货物及加工修理修配劳务　1														
		17%税率的服务、不动产和无形资产　2														
		13%税率　3														
		11%税率　4														
		6%税率　5														
	其中：即征即退项目	即征即退货物及加工修理修配劳务　6	—	—	—	—	—	—	—	—	—	—	—	—	—	—
		即征即退服务、不动产和无形资产　7	—	—	—	—	—	—	—	—	—	—	—	—	—	—
二、简易计税方法计税	全部征税项目	6%征收率　8	—	—	—	—	—	—	—	—	—	—	—	—	—	—
		5%征收率的货物及加工修理修配劳务　9a	—	—	—	—	—	—	—	—	—	—	—	—	—	—
		5%征收率的服务、不动产和无形资产　9b	—	—	—	—	—	—	—	—	—	—	—	—	—	—
		4%征收率　10	—	—	—	—	—	—	—	—	—	—	—	—	—	—

(续表)

项目及栏次			开具增值税专用发票		开具其他发票		未开具发票		纳税检查调整		合计			服务、不动产和无形资产扣除项目本期实际扣除金额	扣除后	
			销售额	销项(应纳)税额	销售额	销项(应纳)税额	销售额	销项(应纳)税额	销售额	销项(应纳)税额	销售额	销项(应纳)税额	价税合计		含税(免税)销售额	销项(应纳)税额
			1	2	3	4	5	6	7	8	9＝1＋3＋5＋7	10＝2＋4＋6＋8	11＝9＋10	12	13＝11－12	14＝13÷(100%＋税率或征收率)×税率或征收率
3%征收率的货物及加工修理修配劳务			11													
3%征收率的服务、不动产和无形资产			12													
其中：即征即退项目	即征即退货物及加工修理修配劳务	预征率 ％	13a											—	—	—
		预征率 ％	13b											—	—	—
		预征率 ％	13c											—	—	—
	即征即退服务、不动产和无形资产		14											—	—	—
	即征即退货物及加工修理修配劳务		15	—	—	—	—	—	—	—	—	—	—	—	—
三、免抵退税	货物及加工修理修配劳务		16	—	—	—	—	—	—	—	—	—	—	—	—
	服务、不动产和无形资产		17	—	—	—	—	—	—	—	—	—	—	—	—
四、免税	货物及加工修理修配劳务		18	—	—	—	—	—	—	—	—	—	—	—	—
	服务、不动产和无形资产		19	—	—	—	—	—	—	—	—	—	—	—	—

附表 4-5-3

增值税纳税申报表附列资料(二)
（本期进项税额明细）

税款所属时间： 　年　月　日至　年　月　日

纳税人名称:(公章)　　　　　　　　　　　　　　　　　　　　　　　　金额单位:元至角分

一、申报抵扣的进项税额					
项目	栏次	份数	金额	税额	
（一）认证相符的增值税专用发票	1＝2＋3				
其中:本期认证相符且本期申报抵扣	2				
前期认证相符且本期申报抵扣	3				
（二）其他扣税凭证	4＝5＋6＋7＋8				
其中:海关进口增值税专用缴款书	5				
农产品收购发票或者销售发票	6				
代扣代缴税收缴款凭证	7		—		
其他	8				
（三）本期用于购建不动产的扣税凭证	9				
（四）本期不动产允许抵扣进项税额	10	—	—		
（五）外贸企业进项税额抵扣证明	11	—	—		
当期申报抵扣进项税额合计	12＝1＋4－9＋10＋11				

二、进项税额转出额		
项目	栏次	税额
本期进项税额转出额	13＝14 至 23 之和	
其中:免税项目用	14	
集体福利、个人消费	15	
非正常损失	16	
简易计税方法征税项目用	17	
免抵退税办法不得抵扣的进项税额	18	
纳税检查调减进项税额	19	
红字专用发票信息表注明的进项税额	20	
上期留抵税额抵减欠税	21	
上期留抵税额退税	22	
其他应作进项税额转出的情形	23	

三、待抵扣进项税额				
项目	栏次	份数	金额	税额
（一）认证相符的增值税专用发票	24	—	—	—
期初已认证相符但未申报抵扣	25			
本期认证相符且本期未申报抵扣	26			
本期认证相符且本期未申报抵扣	26			
期末已认证相符但未申报抵扣	27			

(续表)

项目	栏次	份数	金额	税额
其中:按照税法规定不允许抵扣	28			
(二)其他扣税凭证	29=30至33之和			
其中:海关进口增值税专用缴款书	30			
农产品收购发票或者销售发票	31			
代扣代缴税收缴款凭证	32			—
其他	33			
	34			
四、其他				
项目	栏次	份数	金额	税额
本期认证相符的增值税专用发票	35			
代扣代缴税额	36		—	

附表 4-5-4

增值税纳税申报表附列资料(三)
(服务、不动产和无形资产扣除项目明细)

税款所属时间: 年 月 日至 年 月 日

纳税人名称:(公章) 金额单位:元至角分

项目及栏次		本期服务、不动产和无形资产价税合计额(免税销售额)	服务、不动产和无形资产扣除项目				
			期初余额	本期发生额	本期应扣除金额	本期实际扣除金额	期末余额
		1	2	3	4=2+3	5(5≤1且5≤4)	6=4-5
17%税率的项目	1						
11%税率的项目	2						
6%税率的项目(不含金融商品转让)	3						
6%税率的金融商品转让项目	4						
5%征收率的项目	5						
3%征收率的项目	6						
免抵退税的项目	7						
免税的项目	8						

附表 4-5-5

固定资产(不含不动产)进项税额抵扣情况表

纳税人名称(公章): 填表日期: 年 月 日 金额单位:元至角分

项目	当期申报抵扣的固定资产进项税额	申报抵扣的固定资产进项税额累计
增值税专用发票		
海关进口增值税专用缴款书		
合 计		

附表 4-6

综合纳税申报表

填表日期：　年　月　日　　　　　　　　　　　　　　　　　　　　　　　　　　　　金额单位：元至角分

纳税人顺序号				纳税人名称（公章）						联系电话		
税种	税　目（品目）	纳税项目	税款所属时期	计税依据（金额或数量）	税率	当期应纳税额	应减免税	应纳税额	已纳税额	延期缴纳税额	累计欠税余额
1	2	3	4	5	6	7=5×6	8	9=7-8	10	11	12
合　计												

纳税人申明	授权人申明	代理人申明
本纳税申报表是按照国家税法和税收规定填报的，我确信是真实的、合法的。如有虚假，愿负法律责任。以上税款请从_____帐号划拨。 法定代表人签章： 财务主管签章： 经办人签章：	我单位（公司）现授权_____为本纳税人的代理申报人，其法定代表人_____，电话_____，任来文件都可寄与此代理机构。 在来文件都可寄与此代理人签字： 授权人（法定代表人）签章： 　　　　　　　　年　月　日	本纳税申报表是按照国家税法和税收规定填报的，我确信是真实的、合法的。如有不实，愿承担法律责任。 法定代表人签章： 代理人盖章： 　　　　　　　年　月　日

以下由税务机关填写

收到日期		接收人		审核日期		主管税务机关盖章
审核记录						

附表 4-7

中华人民共和国企业所得税月(季)度预缴纳税申报表(A类,2015年版)

税款所属期间：　　年　月　日至　　年　月　日

纳税人识别号：□□□□□□□□□□□□□□□

纳税人名称：　　　　　　　　　　　　　　　　　　　　　金额单位：人民币元(列至角分)

行次	项　目	本期金额	累计金额
1	一、按照实际利润额预缴		
2	营业收入		
3	营业成本		
4	利润总额		
5	加:特定业务计算的应纳税所得额		
6	减:不征税收入和税基减免应纳税所得额(请填附表1)		
7	固定资产加速折旧(扣除)调减额(请填附表2)		
8	弥补以前年度亏损		
9	实际利润额(4行+5行-6行-7行-8行)		
10	税率(25%)		
11	应纳所得税额(9行×10行)		
12	减:减免所得税额(请填附表3)		
13	实际已预缴所得税额	—	
14	特定业务预缴(征)所得税额		
15	应补(退)所得税额(11行-12行-13行-14行)	—	
16	减:以前年度多缴在本期抵缴所得税额		
17	本月(季)实际应补(退)所得税额	—	
18	二、按照上一纳税年度应纳税所得额平均额预缴		
19	上一纳税年度应纳税所得额	—	
20	本月(季)应纳税所得额(19行×1/4或1/12)		
21	税率(25%)		
22	本月(季)应纳所得税额(20行×21行)		
23	减:减免所得税额(请填附表3)		
24	本月(季)实际应纳所得税额(22行-23行)		
25	三、按照税务机关确定的其他方法预缴		
26	本月(季)税务机关确定的预缴所得税额		
27	总分机构纳税人		
28	总机构	总机构分摊所得税额(15行或24行或26行×总机构分摊预缴比例)		
29		财政集中分配所得税额		
30		分支机构分摊所得税额(15行或24行或26行×分支机构分摊比例)		
31		其中:总机构独立生产经营部门应分摊所得税额		
32	分支机构	分配比例		
33		分配所得税额		

是否属于小型微利企业：	是□	否□
谨声明：此纳税申报表是根据《中华人民共和国企业所得税法》、《中华人民共和国企业所得税法实施条例》和国家有关税收规定填报的，是真实的、可靠的、完整的。 　　　　　　　　　　　　　　法定代表人(签字)：　　　　年　月　日		
纳税人公章： 会计主管： 填表日期：　　年　月　日	代理申报中介机构公章： 经办人： 经办人执业证件号码： 代理申报日期：　年　月　日	主管税务机关受理专用章： 受理人： 受理日期：　　年　月　日

附表 4-8-1

中华人民共和国企业所得税年度纳税申报表

(A类，2014年版)

税款所属期间：　　年　月　日至　　年　月　日

纳税人识别号：□□□□□□□□□□□□□□□

纳税人名称：

金额单位：人民币元(列至角分)

谨声明：此纳税申报表是根据《中华人民共和国企业所得税法》、《中华人民共和国企业所得税法实施条例》、有关税收政策以及国家统一会计制度的规定填报的，是真实的、可靠的、完整的。

　　　　　　　　　　　　　法定代表人(签章)：　　　　　　　　年　月　日

纳税人公章： 会计主管： 填表日期：　　年　月　日	代理申报中介机构公章： 经办人： 经办人执业证件号码： 代理申报日期：　年　月　日	主管税务机关受理专用章： 受理人： 受理日期：　　年　月　日

国家税务总局监制

附表 4-8-2

企业所得税年度纳税申报表填报表单

表单编号	表单名称	选择填报情况 填 报	选择填报情况 不填报
A000000	企业基础信息表	✓	×
A100000	中华人民共和国企业所得税年度纳税申报表(A类)	✓	×
A101010	一般企业收入明细表	☐	☐
A101020	金融企业收入明细表	☐	☐
A102010	一般企业成本支出明细表	☐	☐
A102020	金融企业支出明细表	☐	☐
A103000	事业单位、民间非营利组织收入、支出明细表	☐	☐
A104000	期间费用明细表	☐	☐
A105000	纳税调整项目明细表	☐	☐
A105010	视同销售和房地产开发企业特定业务纳税调整明细表	☐	☐
A105020	未按权责发生制确认收入纳税调整明细表	☐	☐
A105030	投资收益纳税调整明细表	☐	☐
A105040	专项用途财政性资金纳税调整明细表	☐	☐
A105050	职工薪酬纳税调整明细表	☐	☐
A105060	广告费和业务宣传费跨年度纳税调整明细表	☐	☐
A105070	捐赠支出纳税调整明细表	☐	☐
A105080	资产折旧、摊销情况及纳税调整明细表	☐	☐
A105081	固定资产加速折旧、扣除明细表	☐	☐
A105090	资产损失税前扣除及纳税调整明细表	☐	☐
A105091	资产损失(专项申报)税前扣除及纳税调整明细表	☐	☐
A105100	企业重组纳税调整明细表	☐	☐
A105110	政策性搬迁纳税调整明细表	☐	☐
A105120	特殊行业准备金纳税调整明细表	☐	☐
A106000	企业所得税弥补亏损明细表	☐	☐
A107010	免税、减计收入及加计扣除优惠明细表	☐	☐
A107011	符合条件的居民企业之间的股息、红利等权益性投资收益优惠明细表	☐	☐
A107012	综合利用资源生产产品取得的收入优惠明细表	☐	☐
A107013	金融、保险等机构取得的涉农利息、保费收入优惠明细表	☐	☐
A107014	研发费用加计扣除优惠明细表	☐	☐
A107020	所得减免优惠明细表	☐	☐
A107030	抵扣应纳税所得额明细表	☐	☐
A107040	减免所得税优惠明细表	☐	☐
A107041	高新技术企业优惠情况及明细表	☐	☐
A107042	软件、集成电路企业优惠情况及明细表	☐	☐
A107050	税额抵免优惠明细表	☐	☐
A108000	境外所得税收抵免明细表	☐	☐
A108010	境外所得纳税调整后所得明细表	☐	☐
A108020	境外分支机构弥补亏损明细表	☐	☐
A108030	跨年度结转抵免境外所得税明细表	☐	☐
A109000	跨地区经营汇总纳税企业年度分摊企业所得税明细表	☐	☐
A109010	企业所得税汇总纳税分支机构所得税分配表	☐	☐

说明:企业应当根据实际情况选择需要填表的表单。

附表 4-8-3

A000000

企业基础信息表

正常申报□	更正申报□	补充申报□
100　基本信息		
101　汇总纳税企业	是(总机构□　按比例缴纳总机构□)　否□	
102　注册资本(万元)		106　境外中资控股居民企业	是□　　否□
103　所属行业明细代码		107　从事国家限制或禁止行业	是□　　否□
104　从业人数		108　存在境外关联交易	是□　　否□
105　资产总额(万元)		109　上市公司	是(境内□　境外□)　否□
200　主要会计政策和估计		
201　适用的会计准则或会计制度	企业会计准则(一般企业□　银行□证券□　保险□　担保□) 小企业会计准则□ 企业会计制度□ 事业单位会计准则(事业单位会计制度□　科学事业单位会计制度□ 　　医院会计制度□　高等学校会计制度□　中小学校会计制度□ 　　彩票机构会计制度□) 民间非营利组织会计制度□ 村集体经济组织会计制度□ 农民专业合作社财务会计制度(试行)□ 其他□	
202　会计档案的存放地		203　会计核算软件	
204　记账本位币	人民币□　其他□	205　会计政策和估计是否发生变化	是□　　否□
206　固定资产折旧方法	年限平均法□　工作量法□　双倍余额递减法□　年数总和法□　其他□	
207　存货成本计价方法	先进先出法□　移动加权平均法□　月末一次加权平均法□　个别计价法□ 毛利率法□　零售价法□　计划成本法□　其他□	
208　坏账损失核算方法	备抵法□　直接核销法□	
209　所得税计算方法	应付税款法□　资产负债表债务法□　其他□	
300　企业主要股东及对外投资情况		
301　企业主要股东(前5位)		

(续表)

股东名称	证件种类	证件号码	经济性质	投资比例	国籍（注册地址）

302 对外投资(前 5 位)

被投资者名称	纳税人识别号	经济性质	投资比例	投资金额	注册地址

附表 4-8-4

A100000

中华人民共和国企业所得税年度纳税申报表(A 类)

行次	类别	项目	金额
1	利润总额计算	一、营业收入(填写 A101010101020103000)	
2		减:营业成本(填写 A102010102020103000)	
3		营业税金及附加	
4		销售费用(填写 A104000)	
5		管理费用(填写 A104000)	
6		财务费用(填写 A104000)	
7		资产减值损失	
8		加:公允价值变动收益	
9		投资收益	
10		二、营业利润(1−2−3−4−5−6−7+8+9)	
11		加:营业外收入(填写 A101010101020103000)	
12		减:营业外支出(填写 A102010102020103000)	
13		三、利润总额(10+11−12)	

(续表)

行次	类别	项目	金额
14	应纳税所得额计算	减:境外所得(填写 A108010)	
15		加:纳税调整增加额(填写 A105000)	
16		减:纳税调整减少额(填写 A105000)	
17		减:免税、减计收入及加计扣除(填写 A107010)	
18		加:境外应税所得抵减境内亏损(填写 A108000)	
19		四、纳税调整后所得(13-14+15-16-17+18)	
20		减:所得减免(填写 A107020)	
21		减:抵扣应纳税所得额(填写 A107030)	
22		减:弥补以前年度亏损(填写 A106000)	
23		五、应纳税所得额(19-20-21-22)	
24	应纳税额计算	税率(25%)	
25		六、应纳所得税额(23×24)	
26		减:减免所得税额(填写 A107040)	
27		减:抵免所得税额(填写 A107050)	
28		七、应纳税额(25-26-27)	
29		加:境外所得应纳所得税额(填写 A108000)	
30		减:境外所得抵免所得税额(填写 A108000)	
31		八、实际应纳所得税额(28+29-30)	
32		减:本年累计实际已预缴的所得税额	
33		九、本年应补(退)所得税额(31-32)	
34		其中:总机构分摊本年应补(退)所得税额(填写 A109000)	
35		财政集中分配本年应补(退)所得税额(填写 A109000)	
36		总机构主体生产经营部门分摊本年应补(退)所得税额(填写 A109000)	
37	附列资料	以前年度多缴的所得税额在本年抵减额	
38		以前年度应缴未缴在本年入库所得税额	

附表 4-8-5

A101010

一般企业收入明细表

行次	项　目	金　额
1	一、营业收入(2+9)	
2	（一）主营业务收入(3+5+6+7+8)	
3	1. 销售商品收入	
4	其中:非货币性资产交换收入	
5	2. 提供劳务收入	
6	3. 建造合同收入	
7	4. 让渡资产使用权收入	
8	5. 其他	
9	（二）其他业务收入(10+12+13+14+15)	
10	1. 销售材料收入	
11	其中:非货币性资产交换收入	
12	2. 出租固定资产收入	
13	3. 出租无形资产收入	
14	4. 出租包装物和商品收入	
15	5. 其他	
16	二、营业外收入(17+18+19+20+21+22+23+24+25+26)	
17	（一）非流动资产处置利得	
18	（二）非货币性资产交换利得	
19	（三）债务重组利得	
20	（四）政府补助利得	
21	（五）盘盈利得	
22	（六）捐赠利得	
23	（七）罚没利得	
24	（八）确实无法偿付的应付款项	
25	（九）汇兑收益	
26	（十）其他	

附表 4-8-6

A102010

一般企业成本支出明细表

行次	项目	金额
1	一、营业成本(2+9)	
2	（一）主营业务成本(3+5+6+7+8)	
3	1. 销售商品成本	
4	其中：非货币性资产交换成本	
5	2. 提供劳务成本	
6	3. 建造合同成本	
7	4. 让渡资产使用权成本	
8	5. 其他	
9	（二）其他业务成本(10+12+13+14+15)	
10	1. 材料销售成本	
11	其中：非货币性资产交换成本	
12	2. 出租固定资产成本	
13	3. 出租无形资产成本	
14	4. 包装物出租成本	
15	5. 其他	
16	二、营业外支出(17+18+19+20+21+22+23+24+25+26)	
17	（一）非流动资产处置损失	
18	（二）非货币性资产交换损失	
19	（三）债务重组损失	
20	（四）非常损失	
21	（五）捐赠支出	
22	（六）赞助支出	
23	（七）罚没支出	
24	（八）坏账损失	
25	（九）无法收回的债券股权投资损失	
26	（十）其他	

附表 4-8-7
A104000

期间费用明细表

行次	项　目	销售费用	其中：境外支付	管理费用	其中：境外支付	财务费用	其中：境外支付
		1	2	3	4	5	6
1	一、职工薪酬		*		*	*	*
2	二、劳务费					*	*
3	三、咨询顾问费					*	*
4	四、业务招待费		*		*	*	*
5	五、广告费和业务宣传费		*			*	*
6	六、佣金和手续费						
7	七、资产折旧摊销费		*		*	*	*
8	八、财产损耗、盘亏及毁损损失		*				
9	九、办公费		*		*	*	*
10	十、董事会费		*		*	*	*
11	十一、租赁费					*	*
12	十二、诉讼费		*				
13	十三、差旅费		*		*	*	*
14	十四、保险费		*		*	*	*
15	十五、运输、仓储费					*	*
16	十六、修理费					*	*
17	十七、包装费		*		*	*	*
18	十八、技术转让费					*	*
19	十九、研究费用					*	*
20	二十、各项税费		*		*	*	*
21	二十一、利息收支	*	*	*	*		
22	二十二、汇兑差额	*	*	*	*		
23	二十三、现金折扣	*	*	*	*		*
24	二十四、其他						
25	合计(1+2+3+…24)						

附表 4-8-8
A105000

纳税调整项目明细表

行次	项 目	账载金额 1	税收金额 2	调增金额 3	调减金额 4
1	一、收入类调整项目(2+3+4+5+6+7+8+10+11)	*	*		
2	（一）视同销售收入(填写A105010)	*			*
3	（二）未按权责发生制原则确认的收入(填写A105020)				
4	（三）投资收益(填写A105030)				
5	（四）按权益法核算长期股权投资对初始投资成本调整确认收益	*	*	*	
6	（五）交易性金融资产初始投资调整	*	*		*
7	（六）公允价值变动净损益		*		
8	（七）不征税收入	*	*		
9	其中：专项用途财政性资金(填写A105040)	*	*		
10	（八）销售折扣、折让和退回				
11	（九）其他				
12	二、扣除类调整项目(13+14+15+16+17+18+19+20+21+22+23+24+26+27+28+29)	*	*		
13	（一）视同销售成本(填写A105010)	*		*	
14	（二）职工薪酬(填写A105050)				
15	（三）业务招待费支出				*
16	（四）广告费和业务宣传费支出(填写A105060)	*	*		
17	（五）捐赠支出(填写A105070)				*
18	（六）利息支出				
19	（七）罚金、罚款和被没收财物的损失		*		*
20	（八）税收滞纳金、加收利息		*		*
21	（九）赞助支出		*		*
22	（十）与未实现融资收益相关在当期确认的财务费用				
23	（十一）佣金和手续费支出				*
24	（十二）不征税收入用于支出所形成的费用	*	*		*
25	其中：专项用途财政性资金用于支出所形成的费用(填写A105040)	*	*		*
26	（十三）跨期扣除项目				

(续表)

行次	项目	账载金额 1	税收金额 2	调增金额 3	调减金额 4
27	（十四）与取得收入无关的支出		＊		＊
28	（十五）境外所得分摊的共同支出	＊	＊		＊
29	（十六）其他				
30	三、资产类调整项目(31＋32＋33＋34)	＊	＊		
31	（一）资产折旧、摊销（填写 A105080）				
32	（二）资产减值准备金		＊		
33	（三）资产损失（填写 A105090）				
34	（四）其他				
35	四、特殊事项调整项目(36＋37＋38＋39＋40)	＊	＊		
36	（一）企业重组（填写 A105100）				
37	（二）政策性搬迁（填写 A105110）	＊	＊		
38	（三）特殊行业准备金（填写 A105120）				
39	（四）房地产开发企业特定业务计算的纳税调整额（填写 A105010）	＊			
40	（五）其他	＊	＊		
41	五、特别纳税调整应税所得	＊	＊		
42	六、其他	＊	＊		
43	合计(1＋12＋30＋35＋41＋42)	＊	＊		

附表 4-8-9
A105010

视同销售和房地产开发企业特定业务纳税调整明细表

行次	项目	税收金额 1	纳税调整金额 2
1	一、视同销售（营业）收入(2＋3＋4＋5＋6＋7＋8＋9＋10)		
2	（一）非货币性资产交换视同销售收入		
3	（二）用于市场推广或销售视同销售收入		
4	（三）用于交际应酬视同销售收入		
5	（四）用于职工奖励或福利视同销售收入		
6	（五）用于股息分配视同销售收入		

(续表)

行次	项 目	税收金额	纳税调整金额
		1	2
7	（六）用于对外捐赠视同销售收入		
8	（七）用于对外投资项目视同销售收入		
9	（八）提供劳务视同销售收入		
10	（九）其他		
11	二、视同销售（营业）成本(12＋13＋14＋15＋16＋17＋18＋19＋20)		
12	（一）非货币性资产交换视同销售成本		
13	（二）用于市场推广或销售视同销售成本		
14	（三）用于交际应酬视同销售成本		
15	（四）用于职工奖励或福利视同销售成本		
16	（五）用于股息分配视同销售成本		
17	（六）用于对外捐赠视同销售成本		
18	（七）用于对外投资项目视同销售成本		
19	（八）提供劳务视同销售成本		
20	（九）其他		
21	三、房地产开发企业特定业务计算的纳税调整额(22－26)		
22	（一）房地产企业销售未完工开发产品特定业务计算的纳税调整额(24－25)		
23	1. 销售未完工产品的收入		＊
24	2. 销售未完工产品预计毛利额		
25	3. 实际发生的营业税金及附加、土地增值税		
26	（二）房地产企业销售的未完工产品转完工产品特定业务计算的纳税调整额(28－29)		
27	1. 销售未完工产品转完工产品确认的销售收入		＊
28	2. 转回的销售未完工产品预计毛利额		
29	3. 转回实际发生的营业税金及附加、土地增值税		

附表 4-8-10
A105030

投资收益纳税调整明细表

行次	项目	持有收益			处置收益						纳税调整金额 11(3+10)
		账载金额 1	税收金额 2	纳税调整金额 3(2−1)	会计确认的处置收入 4	税收计算的处置收入 5	处置投资的账面价值 6	处置投资的计税基础 7	会计确认的处置所得或损失 8(4−6)	税收计算的处置所得 9(5−7)	纳税调整金额 10(9−8)	
1	一、交易性金融资产											
2	二、可供出售金融资产											
3	三、持有至到期投资											
4	四、衍生工具											
5	五、交易性金融负债											
6	六、长期股权投资											
7	七、短期投资											
8	八、长期债券投资											
9	九、其他											
10	合计(1+2+3+4+5+6+7+8+9)											

附表 4-8-11

A105060

广告费和业务宣传费跨年度纳税调整明细表

行次	项目	金额
1	一、本年广告费和业务宣传费支出	
2	减:不允许扣除的广告费和业务宣传费支出	
3	二、本年符合条件的广告费和业务宣传费支出(1-2)	
4	三、本年计算广告费和业务宣传费扣除限额的销售(营业)收入	
5	税收规定扣除率	
6	四、本企业计算的广告费和业务宣传费扣除限额(4×5)	
7	五、本年结转以后年度扣除额(3>6,本行=3-6;3≤6,本行=0)	
8	加:以前年度累计结转扣除额	
9	减:本年扣除的以前年度结转额[3>6,本行=0;3≤6,本行=8或(6-3)孰小值]	
10	六、按照分摊协议归集至其他关联方的广告费和业务宣传费(10≤3或6孰小值)	
11	按照分摊协议从其他关联方归集至本企业的广告费和业务宣传费	
12	七、本年广告费和业务宣传费支出纳税调整金额(3>6,本行=2+3-6+10-11;3≤6,本行=2+10-11-9)	
13	八、累计结转以后年度扣除额(7+8-9)	

附表 4-8-12

A105070

捐赠支出纳税调整明细表

行次	受赠单位名称	公益性捐赠				非公益性捐赠	纳税调整金额
		账载金额	按税收规定计算的扣除限额	税收金额	纳税调整金额	账载金额	
	1	2	3	4	5(2−4)	6	7(5+6)
1			*	*	*		*
2			*	*	*		*
3			*	*	*		*
4			*	*	*		*
5			*	*	*		*
6			*	*	*		*
7			*	*	*		*
8			*	*	*		*
9			*	*	*		*
10			*	*	*		*
11			*	*	*		*
12			*	*	*		*
13			*	*	*		*
14			*	*	*		*
15			*	*	*		*
16			*	*	*		*
17			*	*	*		*
18			*	*	*		*
19			*	*	*		*
20	合 计						

附表 4-8-13
A106000

企业所得税弥补亏损明细表

行次	项目	年度	纳税调整后所得	合并、分立转入（转出）可弥补的亏损额	当年可弥补的亏损额	以前年度亏损已弥补额					本年度实际弥补的以前年度亏损额	可结转以后年度弥补的亏损额
						前四年度	前三年度	前二年度	前一年度	合计		
		1	2	3	4	5	6	7	8	9	10	11
1	前五年度					*						*
2	前四年度						*					
3	前三年度					*	*	*				
4	前二年度					*	*	*				
5	前一年度					*	*	*	*	*		
6	本年度					*	*	*	*	*		
7	可结转以后年度弥补的亏损额合计											

项目五　财务分析实训

任务一　有关财务情况分析

根据会计报表和有关财务数据，从偿债能力、营运能力、盈利能力三个方面计算企业 2016 年有关财务数据：

一、偿债能力分析

（一）短期偿债能力分析

1. 营运资本
2. 流动比率
3. 速动比率

（二）长期偿债能力分析

1. 资产负债率
2. 股权比率
3. 产权比率
4. 权益乘数
5. 利息保障倍数

二、营运能力分析

1. 应收账款周转率
2. 应收账款周转天数
3. 存货周转率
4. 存货周转天数
5. 营业周期
6. 流动资产周转率
7. 流动资产周转天数
8. 固定资产周转率

9. 固定资产周转天数
10. 总资产周转率
11. 总资产周转天数

三、盈利能力分析

1. 总资产收益率
2. 净资产收益率
3. 流动资产收益率
4. 固定资产收益率
5. 资本保值增值率

任务二　有关成本情况分析

根据 2016 年 10 月、11 月和 12 月有关成本情况计算以下指标：

一、单位成本增减变动情况分析

单位成本增减变动情况分析表

项目	11月		12月	
	变动额	变动率	变动额	变动率
A产品				
B产品				

二、成本项目分析

A产品成本项目变动情况分析表

项目	11月		12月	
	变动额	变动率	变动额	变动率
直接材料				
直接人工				
制造费用				
辅助生产成本				

B 产品成本项目变动情况分析

项目	11月		12月	
	变动额	变动率	变动额	变动率
直接材料				
直接人工				
制造费用				
辅助生产成本				

任务三 利润表结构分析

根据 2016 年 10 月、11 月和 12 月利润表情况编制利润表结构百分比财务报表,简要评述两个月的各项变动,并分析其变动原因:

利润表结构百分比财务报表

项目	11月	12月
一、营业收入		
减:营业成本		
税金及附加		
销售费用		
管理费用		
财务费用		
资产减值损失		
加:公允价值变动收益(损失以"-"号填列)		
投资收益(损失以"-"号填列)		
二、营业利润		
加:营业外收入		
减:营业外支出		
三、利润总额		
减:所得税费用		
四、净利润		

任务四　撰写财务分析报告

参考文献

[1] 董京原. 会计综合实训[M]. 北京:高等教育出版社,2015
[2] 刘雪清. 企业会计模拟实训教程[M]. 长春:东北财经大学出版社,2016
[3] 孙一玲. 会计综合模拟实训(第三版)[M]. 北京:立信会计出版社,2016